Italiaanse Keuken voor Beginners

Proef de Smaak van Italië in Jouw Keuken

Maria Rossi

INHOUDSOPGAVE

Gevulde Rijst Timbale 9

Rijst en bonen in Venetiaanse stijl 17

Sardijnse Worst Rijst 20

Polenta 22

Polenta Met Room 25

polenta met ragu 27

Polenta Crostini, Drie manieren 28

Polenta-sandwiches 31

Polenta Met Drie Kazen 33

Polenta met Gorgonzola en Mascarpone 35

Champignon polenta 37

Boekweit en maïsmeel polenta 39

Gebakken polenta met kaas 41

Gebakken polenta met worstragù 44

Polenta "in ketens" 46

farro salade 49

Farro, Amatrice-stijl 52

Farro, tomaten en kaas 54

Garnalen en Gerst Orzotto 56

Orzotto van gerst en groenten 58

Prosciutto En Eieren 60

Gebakken Asperges Met Eieren 63

Eieren in het vagevuur 65

Eieren in Tomatensaus, Marchas Style 67

Eieren in Piemontese stijl 69

Florentijnse eieren 71

Gebakken Eieren Met Aardappelen En Kaas 73

paprika en eieren 75

aardappelen en eieren 77

Roerei met ei en champignons 80

Frittata van ui en rucola 82

Courgette en Basilicum Frittata 85

Honderd kruidenfrittata 87

spinazie frittata 89

Champignon en Fontina Frittata 92

Napolitaanse Spaghetti Frittata 94

Pasta frittata 97

kleine tortilla's 99

Ricottabloem en courgettefrittata 101

Tortillareepjes In Tomatensaus 103

Zeebaars met Olijfkruimels 106

Zeebaars Met Champignons 108

Tarbotfilets Met Olijvenpasta En Tomaten 111

geroosterde kabeljauw 113

Vissen in "Crazy Water" 116

Blauwe vis met citroen en munt 118

gevulde zool 120

Tongrolletjes met basilicum en amandelen 122

Gemarineerde Tonijn, Siciliaanse Stijl 124

Oranje Tonijn Spiesjes 126

Gegrilde tonijn en paprika, Molise-stijl 129

Gegrilde Tonijn Met Citroen En Oregano 132

Krokante Gegrilde Tonijnsteaks 134

Gegrilde tonijn met rucola pesto 136

Cannellini-stoofpot met tonijn en bonen 138

Siciliaanse zwaardvis met ui 140

Zwaardvis met artisjokken en uien 142

Zwaardvis, Messina-stijl 144

zwaardvis rolletjes 147

Geroosterde tarbot met groenten 150

Gegrilde zeebaars met knoflookgroenten 153

Scrod Met Pittige Tomatensaus 156

Carpaccio van zalm 158

Zalmfilets met jeneverbessen en rode uien 161

Zalm Met Lente Groenten 163

Visfilets in Groene Saus 165

Gebakken heilbot in papier 168

Gebakken Vis Met Olijven En Aardappelen 170

Citrus rode snapper 173

vis in zoutkorst 175

Geroosterde Vis In Witte Wijn En Citroen 177

Forel Met Prosciutto En Salie 179

Gebakken sardines met rozemarijn 181

Sardines Venetiaanse stijl 183

Siciliaanse Gevulde Sardines 185

gegrilde sardientjes 187

gebakken kabeljauw 189

Gezouten kabeljauw, pizzastijl 191

Gezouten Kabeljauw Met Aardappelen 193

Garnalen en Bonen 195

Garnalen In Knoflooksaus 198

Garnalen Met Tomaten, Kappertjes En Citroen 200

Garnalen in Ansjovissaus 202

gefrituurde garnaal 205

Gehavende garnalen en calamares 208

Gegrilde Garnalen Spiesjes 211

Kreeft "Broeder Duivel" 213

Gebakken Gevulde Kreeft 216

Coquilles Met Knoflook En Peterselie 219

Gegrilde Coquilles En Garnalen 221

Gevulde Rijst Timbale

Sartu di Riso

Maakt 8 tot 10 porties

Rijst is geen gebruikelijk ingrediënt in de Napolitaanse keuken, maar dit gerecht is een van de klassiekers van dat gebied. Er wordt aangenomen dat het zijn wortels heeft in aristocratische keukens die werden gerund door chef-koks die in Frankrijk waren opgeleid toen Napels de hoofdstad was van het Koninkrijk van Twee Sicilië.

Tegenwoordig wordt het gemaakt voor speciale gelegenheden en ik heb zelfs moderne versies gegeten die in pannen van individuele grootte zijn gemaakt.

Dit is het soort spectaculair gerecht dat ideaal zou zijn voor een feestje. Kleine knoedels en andere ingrediënten voor de vulling vallen uit de gigantische rijstcake wanneer deze wordt aangesneden. Het is niet moeilijk om te doen, maar er zijn verschillende stappen bij betrokken. U kunt de saus en vulling tot 3 dagen voor het samenstellen van het gerecht maken.

Duik

1 ons gedroogde eekhoorntjesbrood

2 kopjes lauw water

1 middelgrote ui, gehakt

2 eetlepels olijfolie

1 (28-ounce) blik geïmporteerde Italiaanse gepelde tomaten, door een voedselmolen gehaald

Zout en versgemalen zwarte peper

gehaktballetjes en worstjes

2 tot 3 sneetjes Italiaans brood, in kleine stukjes gesneden (ongeveer 1/2 kopje)

1/4 kopje melk

8 ons rundergehakt

1/4 kopje vers geraspte Parmigiano-Reggiano

1 teentje knoflook, fijngehakt

2 eetlepels gehakte verse bladpeterselie, plus meer voor garnering

1 groot ei

Zout en versgemalen zwarte peper

2 eetlepels olijfolie

2 zoete Italiaanse worstjes

Montage

8 ons verse mozzarella, gehakt

1 kopje verse of bevroren erwten

2 kopjes halfkorrelige rijst, zoals Arborio, Carnaroli of Vialone Nano

Zout

1 kopje vers geraspte Parmigiano-Reggiano

vers gemalen zwarte peper

2 eetlepels ongezouten boter

6 eetlepels gewoon droog paneermeel

Gehakte verse platte peterselie voor garnering

1.Bereid de saus voor: laat de champignons in een middelgrote kom 30 minuten in het water weken. Haal de champignons uit het weekvocht. Zeef de vloeistof door een papieren koffiefilter of een vochtig stuk kaasdoek in een schone bak en zet opzij. Spoel de paddenstoelen af onder stromend water en let vooral op de basis waar de aarde zich ophoopt. Snijd de champignons fijn.

2.Doe de ui en olie in een brede, zware pan op middelhoog vuur. Kook, af en toe roerend, tot de ui zacht en goudbruin is, ongeveer 10 minuten. Voeg de fijngesneden champignons toe. Voeg de tomaten en het bewaarde champignonvocht toe. Breng op smaak met zout en peper. Breng aan de kook. Kook op laag vuur, af en toe roerend, tot het ingedikt is, ongeveer 30 minuten.

3.Bereid de gehaktballetjes: laat het brood in een middelgrote kom 5 minuten weken in de melk en giet het af. Meng in dezelfde kom het brood, rundvlees, kaas, knoflook, peterselie, ei en breng op smaak. Goed mengen. Vorm het mengsel in balletjes van 1 inch.

4. Verhit olie in een grote koekenpan op middelhoog vuur. Voeg de gehaktballetjes toe en kook, draaiend met een tang, tot ze aan alle kanten goudbruin zijn. Leg de gehaktballetjes met een schuimspaan op een bord. Verwijder de olie en veeg de pan voorzichtig schoon met keukenpapier.

5. Combineer in dezelfde koekenpan de worstjes en voldoende water om ze voor de helft te bedekken. Dek af en kook op middelhoog vuur tot het water verdampt en de worstjes bruin beginnen te worden. Ontdek en kook worstjes, af en toe draaiend, tot ze gaar zijn, ongeveer 10 minuten. Snijd de worstjes in plakjes.

6. Meng in een middelgrote kom de gehaktballen, plakjes worst, mozzarella en erwten voorzichtig met 2 kopjes tomaten-champignonsaus en zet apart.

7. Combineer in een grote pan de resterende saus met 4 kopjes water. Breng het mengsel aan de kook. Voeg de rijst en 1 theelepel zout toe. Breng de vloeistof weer aan de kook en roer een of twee keer. Dek af en laat sudderen tot de rijst zacht is, ongeveer 15 minuten.

8. Haal de pan van het vuur. Laat de rijst iets afkoelen. Voeg Parmezaanse kaas toe. Breng op smaak met zout en peper.

9. Beboter de binnenkant van een diepe 21/2-kwart steelpan of ovenvaste schaal. Bestrooi met 4 eetlepels paneermeel. Giet ongeveer tweederde van de rijst in de voorbereide braadpan en druk deze tegen de bodem en zijkanten om een rijst "schaal" te vormen. Giet het gehaktbal-worstmengsel in het midden. Bedek met de resterende rijst en verdeel gelijkmatig. Bestrooi de bovenkant met de resterende kruimels. (Als u de timbale niet meteen klaarmaakt, dek de timbale dan af en zet hem in de koelkast.)

10 Plaats ongeveer 2 uur voor het serveren een rooster in het midden van de oven. Verwarm de oven voor op 350 ° F. Bak de timbale 1 1/2 uur of tot de bovenkant lichtbruin is en het mengsel heet is in het midden. (De exacte kooktijd is afhankelijk van de grootte en vorm van de braadpan. Gebruik een direct afleesbare thermometer om de temperatuur in het midden te controleren. Deze moet minimaal 140°F zijn.)

elf Houd een koelrek klaar. Laat de waterkoker 10 minuten afkoelen op het rooster. Ga met een mes of metalen spatel langs de binnenrand van de pan. Zet een grote schaal op de pan. Houd het bekken (met een greep) stevig tegen het bekken en draai beide om om de pauken op het bekken over te brengen. Bestrooi met peterselie. Snijd in stukjes om te serveren. Heet opdienen.

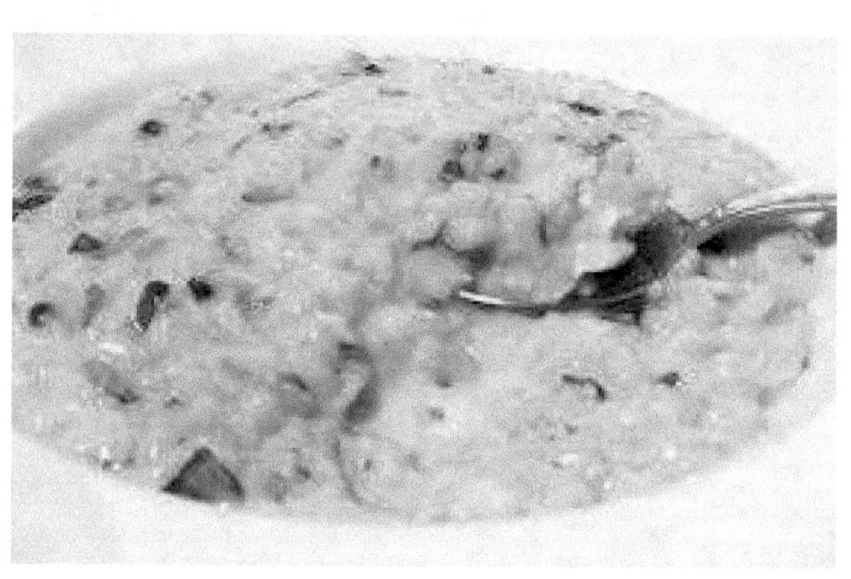

Rijst en bonen in Venetiaanse stijl

Riso en Fagioli alla Veneta

Maakt 4 porties

Tijdens de zomer worden rijst en bonen warm geserveerd, niet heet. In de regio Veneto zijn cranberrybonen, in het Italiaans bekend als borlotti, de favoriete variëteit. Rauwe cranberrybonen zijn roze van kleur met crèmekleurige markeringen. Als ze gekookt zijn, krijgen ze een effen roze-beige kleur. Ze lijken veel op pintobonen, die je desgewenst kunt vervangen.

ongeveer 2 zelfgemaakte kopjes Vleesbouillon of in de winkel gekochte runderbouillon

3 eetlepels olie

1 kleine ui, fijngehakt

1 middelgrote wortel, fijngehakt

1 middelgrote selderijrib, fijngehakt

1/2 kop fijngehakt spek

2 kopjes gekookte gedroogde veenbessen of pintobonen, of 1 (16-ounce) blik bruine bonen met hun vloeistof

1 kopje halfkorrelige rijst, zoals Arborio, Carnaroli of Vialone Nano

Zout en versgemalen zwarte peper

1. Bereid eventueel de bouillon voor. Verhit vervolgens in een brede, zware pan op middelhoog vuur de olie met de ui, wortel, selderij en pancetta. Kook, af en toe roerend, tot de groenten goudbruin zijn, ongeveer 20 minuten.

2. Voeg de bonen en 1 kopje koud water toe. Breng aan de kook en kook gedurende 20 minuten.

3. Bewaar ongeveer een derde van het bonenmengsel. Pureer de rest in een keukenmachine of keukenmachine tot een gladde massa. Giet de bonenpuree en 1 kopje bouillon in een grote, brede pan. Breng aan de kook op middelhoog vuur. Kook, af en toe roerend, gedurende 5 minuten.

4. Voeg de rijst toe aan de pan en zout en peper naar smaak. Kook 20 minuten, roer regelmatig zodat de bonen niet aan de bodem van de pan blijven plakken. Voeg beetje bij beetje wat van de resterende bouillon toe, tot de rijst zacht maar nog

stevig is. Voeg het gereserveerde bonenmengsel toe en zet het vuur uit.

5.Laat 5 minuten staan. Heet opdienen.

Sardijnse Worst Rijst

Riso à la Sarda

Maakt 6 porties

Meer als een pilaf dan als een risotto, dit traditionele Sardijnse rijstgerecht vereist niet veel roeren.

ongeveer 3 kopjes Vleesbouillon

1 middelgrote ui, gehakt

2 eetlepels gehakte verse bladpeterselie

2 eetlepels olijfolie

12 ons eenvoudige Italiaanse varkensworst, omhulsels verwijderd

1 kop gepelde, gezaaide en gehakte tomaten

Zout en versgemalen zwarte peper

1 1/2 kopjes rijst met gemiddelde korrel, zoals Arborio, Carnaroli of Vialone Nano

1/2 kopje vers geraspte Pecorino Romano of Parmigiano-Reggiano

1.Bereid eventueel de bouillon voor. Kook vervolgens in een brede, zware pan op middelhoog vuur de ui en peterselie in de olie tot de ui zacht wordt, ongeveer 5 minuten. Voeg het worstvlees toe en kook, onder regelmatig roeren, tot de worst lichtbruin is, ongeveer 15 minuten.

2.Voeg de tomaten toe en zout en peper naar smaak. Bouillon toevoegen en aan de kook brengen. Voeg de rijst toe. Dek af en kook 10 minuten. Controleer of het mengsel te droog is. Voeg indien nodig meer bouillon of water toe. Dek af en kook nog 8 minuten of tot de rijst gaar is.

3.Haal de pan van het vuur. Voeg kaas toe. Serveer onmiddellijk.

Polenta

Maakt 4 porties

De traditionele manier om polenta te koken is om het gedroogde maïsmeel langzaam in een dunne stroom door de vingers van één hand in een pan met kokend water te gieten terwijl je met de andere hand constant roert. Je hebt veel geduld nodig om dit goed te doen; als je te snel gaat, zal de maïsmeel klonteren. Ondertussen brandt je hand van het vasthouden boven de kokende vloeistof.

Ik geef veel de voorkeur aan de volgende methode om polenta te koken, omdat deze snel en onfeilbaar is. Het beste van alles is dat ik deze methode naast de traditionele methode heb getest en ik kan geen verschil ontdekken in het eindresultaat. Doordat de maismeel eerst gemengd wordt met koud water ontstaan er geen klontjes, wat gemakkelijk kan ontstaan als de droge bloem direct in het hete water gegoten wordt.

Zorg ervoor dat u een pan met een zware bodem gebruikt, anders kan de polenta verbranden. Je kunt de pot ook in een Flametamer plaatsen, een metalen schijf die op een kookplaatbrander zit voor extra isolatie van de pot voor warmtebeheer. (Kijk ernaar in kookwinkels.)

U kunt de basispolenta variëren door deze te koken met bouillon of door melk te gebruiken in plaats van een beetje water. Voeg eventueel wat geraspte kaas toe aan het einde van de kooktijd.

4 kopjes koud water

1 kopje grofgemalen geel maïsmeel, bij voorkeur steengemalen

2 theelepels zout

2 eetlepels ongezouten boter

1. Breng in een zware pan van 2 liter 3 kopjes water aan de kook.

2. Klop ondertussen in een kleine kom de maïsmeel, het zout en het resterende kopje water bij elkaar.

3. Giet het mengsel in het kokende water en kook al roerend tot het mengsel kookt. Zet het vuur laag, dek af en kook, af en toe roerend, tot de polenta dik en romig is, ongeveer 30 minuten. Als de polenta te dik wordt, voeg dan nog wat water toe.

4.Voeg de boter toe. Serveer onmiddellijk.

Polenta Met Room

Polenta alla Panna

Maakt 4 porties

Op een koude winterdag in Milaan stopte ik voor de lunch in een drukke trattoria. Het menu was beperkt, maar dit eenvoudige en geruststellende gerecht was de special van de dag. Als je een verse zwarte of witte truffel hebt, schraap deze dan over de mascarpone en verwijder de kaas.

Om een serveerschaal of schaal op te warmen, plaatst u deze een paar minuten in een warme (niet hete!) oven of laat u er heet water in de gootsteen overheen lopen. Droog de kom of schaal af voordat u voedsel toevoegt.

1 recept (ongeveer 5 kopjes) heet gekookt<u>Polenta</u>

1 kopje mascarpone of slagroom

Stukje Parmigiano-Reggiano

1. Bereid eventueel de polenta voor. Giet vervolgens de hete gekookte polenta op een warme serveerschaal.

2. Verdeel de mascarpone erover of giet de room erover. Schaaf de Parmigiano bovenop met een dunschiller met een roterend mes. Serveer onmiddellijk.

polenta met ragu

Polenta met ragu

Maakt 4 porties

Er was een tijd dat veel gezinnen in Noord-Italië een speciale koperen pot hadden, een paiolo genaamd, waarin ze polenta kookten, en een rond bord waarop ze het serveerden. Dit is heerlijk comfort food, en vrij eenvoudig als je de ragout en polenta van tevoren hebt gemaakt.

1 recept (ongeveer 3 kopjes) <u>bolognese ragout</u>

1 recept (ongeveer 5 kopjes) heet gekookt <u>Polenta</u>

1/2 kopje vers geraspte Parmigiano-Reggiano

1. Bereid de ragù en polenta voor, indien nodig.

2. Giet de polenta op een hete plaat. Maak een ondiepe inkeping in de polenta. Lepel de saus erover. Bestrooi met kaas en serveer direct.

Polenta Crostini, Drie manieren

Krokante polenta plakjes kunnen worden gebruikt in plaats van brood om te maken crostini). Serveer ze met een smaakvolle dressing (zie suggesties hieronder) als aperitiefhapje, als bijgerecht bij een ovenschotel of als basis voor gegrild of geroosterd gevogelte.

1 recept (ongeveer 5 kopjes) heet gekookt Polenta

1. Bereid de polenta voor. Zodra de polenta gaar is, verspreidt u deze met een rubberen spatel tot een dikte van ongeveer 1/2-inch op een grote bakplaat. Dek af en koel tot stevig, minimaal 1 uur en maximaal 3 dagen, voor gebruik.

2. Als u klaar bent om te koken, snijdt u de polenta in vierkanten of een andere vorm met een mes of een koekje of koekjessnijder. Stukken kunnen worden gebakken, geroosterd, gegrild of gebakken.

Gebakken polenta crostini: Verwarm de oven voor op 400°F. Vet een bakplaat in en plaats de polenta-plakjes ongeveer 1/2-inch uit elkaar op de bakplaat. Bestrijk de bovenkanten met olie. Bak gedurende 30 minuten of tot ze krokant en licht goudbruin zijn.

Gegrilde of geroosterde polenta crostini: Plaats een barbecue-grill of braadrek ongeveer 10 cm van de warmtebron. Verwarm de grill of barbecue voor. Bestrijk de plakken polenta aan beide kanten met olijfolie. Leg de stukken op het rooster. Grill of grill, één keer omdraaien, tot ze knapperig en goudbruin zijn, ongeveer 5 minuten. Draai de stukken om en gril de andere kant nog 5 minuten.

Gefrituurde polenta crostini: Borstel een dunne laag maïs of olijfolie heel licht op een koekenpan met anti-aanbaklaag. Verhit de koekenpan op middelhoog vuur. Droog de polentastukjes af. Kook tot ze goudbruin zijn, ongeveer 5 minuten. Draai de stukken om en bak tot ze aan de andere kant bruin zijn, nog ongeveer 5 minuten.

Polenta-sandwiches

polenta panini

Maakt 8 porties

Deze kleine hapjes kunnen als aperitief of als bijgerecht geserveerd worden. Voor een beetje flair snijdt u de polenta met koekjes- of koekjesvormpjes.

1 recept (ongeveer 5 kopjes)<u>Polenta</u>, gemaakt zonder boter

4 ons gorgonzola, dun gesneden

2 eetlepels gesmolten ongezouten boter

2 eetlepels Parmigiano Reggiano

1. Bereid de polenta voor. Zodra de polenta gaar is, verspreidt u deze met een rubberen spatel tot een dikte van ongeveer 1/2-inch op een grote bakplaat. Dek af en koel tot stevig, minimaal 1 uur en maximaal 3 dagen, voor gebruik.

2. Plaats een rek in het midden van de oven. Verwarm de oven voor op 400°F. Beboter een grote bakplaat.

3. Snijd de polenta in 16 vierkanten. Leg de helft van de polenta plakjes op de bakplaat. Leg de plakjes gorgonzola erop. Bestrooi met de resterende polenta en druk lichtjes op de sandwiches.

4. Bestrijk de bovenkant met boter. Bestrooi met de Parmezaanse kaas. Bak gedurende 10 tot 15 minuten of tot de kaas gesmolten is. Heet opdienen.

Polenta Met Drie Kazen

Polenta met Tre Formaggi

Maakt 4 porties

De Valle d'Aosta is de regio in het uiterste noordwesten van Italië. Het staat bekend om zijn alpenklimaat en prachtige skigebieden, evenals zijn zuivelproducten, zoals Fontina Valle d'Aosta, een halfharde kaas van koemelk.

De melk voegt extra rijkdom toe aan deze polenta. Boter wordt gepresenteerd als erekaas.

2 kopjes koud water

1 kopje grofgemalen geel maïsmeel, bij voorkeur steengemalen

1 theelepel zout

2 kopjes koude melk

1/2 kopje Fontina Valle d'Aosta, gehakt

1/4 kopje vers geraspte Parmigiano-Reggiano

2 eetlepels ongezouten boter

1. Breng water aan de kook in een zware pan van 2 liter.

2. Meng in een kleine kom het maïsmeel, zout en melk.

3. Giet het maïsmeelmengsel in het kokende water en kook al roerend tot het mengsel kookt. Zet het vuur laag, dek af en kook, af en toe roerend, ongeveer 30 minuten of tot de polenta dik en romig is. Als de polenta te dik wordt, voeg dan nog wat water toe.

4. Haal de pan van het vuur. Voeg kaas en boter toe tot het gesmolten is. Serveer onmiddellijk.

Polenta met Gorgonzola en Mascarpone

Maakt 4 tot 6 porties

Dit hemelse en rijke recept komt uit Lombardije, waar gorgonzola en mascarpone worden gemaakt.

4 kopjes koud water

1 kopje grofgemalen geel maïsmeel, bij voorkeur steengemalen

1/2 theelepel zout

1/2 kopje mascarpone

1/2 kopje gorgonzola, verkruimeld

1. Breng in een zware pan van 2 liter 3 kopjes water aan de kook.

2. Klop in een kleine kom de maïsmeel, het zout en het resterende kopje water bij elkaar.

3. Giet het maïsmeelmengsel in het kokende water en kook, onder voortdurend roeren, tot het mengsel kookt. Zet het vuur laag, dek af en kook, af en toe roerend, ongeveer 30

minuten of tot de polenta dik en romig is. Als de polenta te dik wordt, voeg dan nog wat water toe.

4. Haal de polenta van het vuur. Voeg de mascarpone en de helft van de gorgonzola toe. Giet in een serveerschaal en bestrooi met de resterende gorgonzola. Heet opdienen.

Champignon polenta

polenta met champignons

Maakt 6 porties

De pancetta voegt een rijke smaak toe, maar laat deze weg als je de voorkeur geeft aan een vleesloos gerecht. Restjes kunnen worden gesneden en gebakken in een beetje olijfolie of boter als aperitief of garnering.

2 ons fijngehakt spek

1 kleine ui, fijngehakt

2 eetlepels olijfolie

1 pakje (10 ons) witte champignons, gehakt en in plakjes

2 eetlepels gehakte verse bladpeterselie

Zout en versgemalen zwarte peper

4 kopjes koud water

1 kopje grofgemalen geel maïsmeel, bij voorkeur steengemalen

1. Combineer de pancetta, ui en olie in een grote koekenpan en kook tot de pancetta en ui lichtbruin zijn, ongeveer 10 minuten. Voeg de champignons en peterselie toe en kook tot de champignonvloeistof is verdampt, nog ongeveer 10 minuten. Breng op smaak met zout en peper.

2. Breng in een zware pan van 2 liter 3 kopjes water aan de kook.

3. Klop in een kleine kom de maïsmeel, 1/2 theelepel zout en het resterende 1 kopje koud water bij elkaar.

4. Giet het maïsmeelmengsel in het kokende water en kook, onder voortdurend roeren, tot het kookt. Zet het vuur laag, dek af en kook, af en toe roerend, tot de polenta dik en romig is, ongeveer 30 minuten. Als de polenta te dik wordt, voeg dan meer water toe.

5. Roer de inhoud van de koekenpan door de polentapan. Giet het mengsel op een hete plaat. Serveer onmiddellijk.

Boekweit en maïsmeel polenta

taragna-polenta

Maakt 4 tot 6 porties

In Lombardije wordt deze stevige polenta gemaakt met een combinatie van maïsmeel en boekweitmeel. Boekweit voegt een aardse smaak toe. Een lokale kaas die bekend staat als bitto wordt aan het einde van de kooktijd geroerd. Ik heb bitto nog nooit in de VS gezien, maar fontina en Gruyère zijn goede vervangers.

5 kopjes koud water

4 eetlepels ongezouten boter

1 kopje grofgemalen geel maïsmeel, bij voorkeur steengemalen

1/2 kop boekweitmeel

Zout

4 ons fontina of Gruyère

1. Breng in een zware pan van 2 liter 4 kopjes water en 2 eetlepels boter aan de kook.

2. Klop in een middelgrote kom de maïsmeel, boekweitmeel, 1/2 theelepel zout en de resterende kop water door elkaar.

3. Klop het maïsmeelmengsel in het kokende water. Zet het vuur zeer laag. Dek af en kook, af en toe roerend, ongeveer 40 minuten of tot polenta dik en romig is. Als het te dik wordt, voeg dan naar behoefte wat meer water toe.

4. Haal de polenta van het vuur. Voeg de resterende 2 eetlepels boter en de kaas toe. Serveer onmiddellijk.

Gebakken polenta met kaas

Polenta Cunsa

Maakt 8 porties

Monteer tot 24 uur voor het koken, maar verdubbel de kooktijd als het koud is. Probeer het ook eens met Gruyère of Asiago.

5 kopjes koud water

1 kopje grofgemalen geel maïsmeel, bij voorkeur steengemalen

1 theelepel zout

3 eetlepels ongezouten boter

1 middelgrote ui, gehakt

1 kopje vers geraspte Parmigiano-Reggiano

1/2 kopje verkruimelde gorgonzola

1/2 kopje geraspte Fontina Valle d'Aosta

1. Breng in een zware pan van 2 liter 4 kopjes water aan de kook. Meng in een kom het maïsmeel, zout en de resterende 1 kopje water.

2. Giet het mengsel in het kokende water en kook, onder voortdurend roeren, tot het mengsel kookt. Zet het vuur laag, dek af en kook, af en toe roerend, ongeveer 30 minuten of tot de polenta dik en romig is. Als de polenta te dik wordt, voeg dan nog wat water toe.

3. Smelt in een kleine koekenpan 2 eetlepels boter op middelhoog vuur. Voeg de ui toe en kook al roerend tot de ui zacht en goudbruin is, ongeveer 10 minuten. Schraap de ui in de polenta.

4. Plaats een rek in het midden van de oven. Verwarm de oven voor op 375 ° F. Beboter een 9 × 3-inch bakvorm.

5. Giet ongeveer een derde van de polenta in de pan. Bewaar 1/4 kop Parmezaanse kaas voor topping. Verdeel de helft van elk van de overgebleven kazen over de polentalaag in de koekenpan. Maak een tweede laag polenta en kaas. Giet de resterende polenta erbij en verdeel gelijkmatig.

6. Strooi de gereserveerde 1/4 kop Parmigiano over de polenta. Bestrijk met de resterende boter. Bak gedurende 30 minuten of tot bubbels langs de rand. Laat 10 minuten staan alvorens te serveren.

Gebakken polenta met worstragù

polenta pasticciato

Maakt 6 porties

Dit is zoiets als lasagne, waarbij laagjes gesneden polenta de pasta vervangen.

De naam polenta pasticciato is intrigerend. Het komt van pasticciare, wat iets vies maken betekent, maar pasticciato duidt ook op een gerecht gemaakt als pasta, met kaas en ragù.

    1 recept<u>ragu worst</u>

8 kopjes koud water

2 kopjes grofgemalen geel maïsmeel, bij voorkeur steengemalen

1 eetlepel zout

8 ons verse mozzarella

1/2 kopje vers geraspte Parmigiano-Reggiano

1. Bereid eventueel de ragu voor. Breng in een grote pan 6 kopjes water aan de kook.

2. Klop in een middelgrote kom de maïsmeel, het zout en de resterende 2 kopjes water bij elkaar.

3. Giet het maïsmeelmengsel onder voortdurend roeren in het kokende water tot het mengsel kookt. Zet het vuur laag, dek af en kook, af en toe roerend, ongeveer 30 minuten of tot de polenta dik en romig is.

4. Beboter een grote bakplaat. Giet de polenta in de pan en verdeel het gelijkmatig met een rubberen spatel tot het 1/2-inch dik is. Laat afkoelen tot het stevig is, ongeveer 1 uur, of dek af en zet het een nacht in de koelkast.

5. Plaats een rek in het midden van de oven. Verwarm de oven voor op 400°F. Vet een 9-inch vierkante ovenschaal in.

6. Snijd polenta in 9 vierkanten van 3 inch. Leg de helft van de polenta op de bodem van de schaal. Giet de helft van de saus erbij en garneer met de helft van de mozzarella en Parmigiano-Reggiano. Maak een tweede laag met de overige ingrediënten.

7. Bak gedurende 40 minuten of tot de polenta bubbelt en de kaas is gesmolten. Laat 10 minuten staan alvorens te serveren.

Polenta "in ketens"

Polenta incatenata

Maakt 6 porties

Ooit huurden mijn man en ik een appartement in een villa aan de rand van Lucca, in Toscane. Carlotta was de vrolijke huishoudster die voor de plek zorgde en alles soepel liet verlopen. Af en toe verraste hij ons met een huisgemaakte maaltijd. Hij vertelde me dat deze hartige polenta, een lokale specialiteit, naar verluidt is "geregen" in reepjes geraspte groenten. Serveer dit als vegetarisch hoofdgerecht of als bijgerecht bij gegrild vlees. Het is ook erg lekker als je het laat afkoelen tot het gestold is, dan in plakjes gesneden en gebakken tot het goudbruin is.

2 eetlepels olijfolie

1 teentje knoflook, fijngehakt

2 kopjes geraspte kool of boerenkool

4 kopjes koud water

1 kopje grofgemalen geel maïsmeel, bij voorkeur steengemalen

1½ theelepel zout

2 kopjes cannelinibonen gekookt of ingeblikt

Zout en versgemalen zwarte peper

½ kopje vers geraspte Parmigiano-Reggiano

1. Kook de olie en knoflook in een grote pan op middelhoog vuur tot de knoflook goudbruin is, ongeveer 2 minuten. Voeg de kool toe, dek af en kook gedurende 10 minuten of tot de kool zacht wordt.

2. Voeg 3 kopjes water toe en breng aan de kook.

3. Klop in een kleine kom de maïsmeel, het zout en het resterende kopje water bij elkaar.

4. Giet het maïsmeelmengsel in de pan. Kook, onder regelmatig roeren, tot het mengsel aan de kook komt. Zet het vuur laag, dek af en kook, af en toe roerend, 20 minuten.

5. Voeg de bonen toe. Kook nog 10 minuten of tot het dik en romig is. Voeg een beetje water toe als het mengsel te dik wordt.

6. Ga uit het vuur. Voeg kaas toe en serveer direct.

farro salade

Farro-hal

Maakt 6 porties

In Abruzzo hebben mijn man en ik verschillende keren farro-salades gegeten, waaronder deze met frisse groenten en verfrissende munt.

Zout

1 1/2 kopje farro

1 kopje fijngehakte wortelen

1 kopje bleekselderij fijngehakt

2 eetlepels fijngehakte verse munt

2 groene uien, fijngehakt

1/3 kopje olijfolie

1 eetlepel vers citroensap

vers gemalen zwarte peper

1. Breng 6 kopjes water aan de kook. Voeg zout naar smaak toe, daarna de farro. Zet het vuur lager en kook tot de farro zacht maar nog steeds taai is, ongeveer 15 tot 30 minuten. (De kooktijd kan variëren; begin met rijzen na 15 minuten.) Laat goed uitlekken.

2. Combineer de farro, wortelen, selderij en munt in een grote kom. Klop in een kleine kom de olijfolie, citroensap en peper door elkaar. Giet de dressing over de salade en meng goed. Proef en pas de smaak aan. Serveer warm of op kamertemperatuur.

Farro, Amatrice-stijl

Farro all'Amatriciana

Maakt 8 porties

Farro wordt meestal gebruikt in soepen of salades, maar in dit recept van het Romeinse platteland wordt het graan gestoofd met een klassieke Amatriciana-saus, die meestal op pasta wordt gebruikt.

Zout

2 kopjes farro

1/4 kopje olijfolie

4 ons spek, gehakt

1 middelgrote ui

1/2 kop droge witte wijn

11/2 kopjes gepelde, ontpitte en in blokjes gesneden verse tomaten, of ingeblikte tomaten, uitgelekt en in blokjes gesneden

1/2 kopje vers geraspte Pecorino Romano

1. Breng 6 kopjes water aan de kook. Voeg zout naar smaak toe, daarna de farro. Zet het vuur lager en laat sudderen tot farro zacht is, maar nog steeds taai, 15 tot 30 minuten. (De kooktijd kan variëren; begin met rijzen na 15 minuten.) Laat goed uitlekken.

2. Bak in een middelgrote koekenpan de olie, pancetta en ui op middelhoog vuur, onder regelmatig roeren, tot de ui goudbruin is, ongeveer 10 minuten. Voeg de wijn toe en breng aan de kook. Voeg de tomaten en farro toe. Breng aan de kook en kook tot de farro een deel van de saus heeft opgenomen, ongeveer 10 minuten. Voeg eventueel wat water toe om plakken te voorkomen.

3. Ga uit het vuur. Voeg kaas toe en roer goed. Serveer onmiddellijk.

Farro, tomaten en kaas

Graan, Pomodori en Cacio

Maakt 6 porties

Tarwebessen, emmer, kamut of andere soortgelijke granen kunnen op deze manier worden gekookt als je geen farro kunt vinden. Voeg niet te veel zout toe aan het graan, aangezien ricotta salata zout kan zijn. Indien niet beschikbaar, vervang Pecorino Romano. Dit recept komt uit Puglia in het zuiden.

Zout

1 1/2 kopje farro

2 eetlepels olijfolie

1 kleine ui, fijngehakt

8 ons gehakte tomaten

4 ons ricotta salata, grof geraspt

1. Breng 6 kopjes water aan de kook. Voeg zout naar smaak toe, daarna de farro. Zet het vuur lager en kook tot farro zacht is,

15 tot 30 minuten. (De kooktijd kan variëren; begin met rijzen na 15 minuten.) Laat goed uitlekken.

2. Giet de olie in een middelgrote pan. Voeg de ui toe en kook, onder regelmatig roeren, tot de ui goudbruin is, ongeveer 10 minuten. Voeg de tomaten toe en zout naar smaak. Kook tot een beetje ingedikt, ongeveer 10 minuten.

3. Roer de uitgelekte farro door de tomatensaus. Voeg kaas toe en roer goed. Heet opdienen.

Garnalen en Gerst Orzotto

Orzotto van Gamberi

Maakt 4 porties

Hoewel de meeste mensen in de Verenigde Staten orzo zien als een kleine zaadvormige pasta, is orzo Italiaans voor 'gerst'. In Friuli-Venezia Giulia in het noorden wordt gerst gekookt als risotto en het afgewerkte gerecht heet orzotto.

3 kopjes<u>Kippensoep</u>, groentebouillon of water

2 eetlepels ongezouten boter

1 eetlepel olijfolie

1 kleine ui, fijngehakt

1 kleine wortel, fijngehakt

1/2 kopje bleekselderij, fijngehakt

1 fijngehakt teentje knoflook

6 ons (2/3 kop) Alkmaarse gort, gespoeld en uitgelekt

Zout en versgemalen zwarte peper

8 ons garnalen, gepeld en ontdarmd

2 eetlepels gehakte verse bladpeterselie

1. Bereid eventueel de bouillon voor. Smelt de boter met de olie in een middelgrote pan op middelhoog vuur. Voeg de ui, wortel, selderij en knoflook toe en kook tot ze goudbruin zijn, ongeveer 10 minuten.

2. Voeg de gerst toe aan de groenten in de pan en roer goed door. Voeg bouillon, 1 theelepel zout en peper naar smaak toe. Breng aan de kook en zet het vuur lager. Dek af en kook, af en toe roerend, gedurende 30 tot 40 minuten of tot de gerst zacht is. Voeg een beetje water toe als het mengsel uitdroogt.

3. Hak ondertussen de garnalen fijn en roer ze samen met de peterselie door het gerstmengsel. Kook tot de garnalen roze zijn, 2 tot 3 minuten. Proef en pas de smaak aan. Serveer onmiddellijk.

Orzotto van gerst en groenten

Plantaardige Orzotto

Maakt 4 porties

Voor deze orzotto worden kleine stukjes groenten gekookt met gerst. Serveer het als bijgerecht of voorgerecht.

    4 kopjes Vleesbouillon of Kippensoep

4 eetlepels ongezouten boter

1 kleine ui, fijngehakt

1 kopje Alkmaarse gort, gespoeld en uitgelekt

1/2 kopje bevroren of verse erwten

1/2 kopje gehakte champignons, van welke soort dan ook

1/4 kopje fijngehakte rode paprika

1/4 kopje bleekselderij, fijngehakt

Zout en versgemalen zwarte peper

¼ kopje vers geraspte Parmigiano-Reggiano

1. Bereid eventueel de bouillon voor. Smelt in een grote pan 3 eetlepels boter op middelhoog vuur. Voeg ui toe en kook, onder regelmatig roeren, tot ze goudbruin zijn, ongeveer 10 minuten.

2. Voeg de gerst toe en roer goed. Voeg de helft van de erwten, champignons, paprika en selderij toe en kook 2 minuten of tot ze zacht zijn. Voeg de bouillon toe en breng aan de kook. Dek af en kook 20 minuten.

3. Voeg de overige groenten toe en zout en peper naar smaak. Kook, onafgedekt, nog 10 minuten of tot de vloeistof is verdampt en de gerst zacht is. Ga uit het vuur.

4. Voeg de resterende eetlepel boter en de kaas toe. Serveer onmiddellijk.

Prosciutto En Eieren

Oova al ham

Maakt 2 porties

Een vriend met wie ik in Italië op reis was, volgde een eiwitrijk dieet. Hij maakte er een gewoonte van om voor het ontbijt een bord prosciutto te bestellen. In een kleine herberg in Montepulciano in Toscane vroeg de gastvrouw haar of ze eieren met prosciutto wilde. Mijn vriend zei ja, in de verwachting een paar gekookte eieren te krijgen. In plaats daarvan kwam de kok korte tijd later naar buiten met een enkele koekenpan gevuld met zinderende ham en roerei. Het zag er zo goed uit en rook zo goed dat al snel iedereen in de eetzaal hetzelfde bestelde, tot groot ongenoegen van de gehaaste kok.

Dit is een perfecte manier om prosciutto te gebruiken die aan de randen een beetje is uitgedroogd. Serveer eieren met prosciutto voor een brunch met beboterde asperges en geroosterde tomaten.

1 eetlepel ongezouten boter

4 tot 6 dunne plakjes geïmporteerde Italiaanse prosciutto

4 grote eieren

Zout en versgemalen zwarte peper

1. Smelt de boter in een 9-inch koekenpan met anti-aanbaklaag op middelhoog vuur.

2. Schik de plakjes prosciutto in de pan, enigszins overlappend. Breek de eieren een voor een in een mok en schuif ze over de prosciutto. Bestrooi met zout en peper.

3. Dek af en kook op laag vuur tot de eieren op smaak zijn, ongeveer 2 tot 3 minuten. Heet opdienen.

Gebakken Asperges Met Eieren

Milanese asperges

Maakt 2 tot 4 porties

Een journalist vroeg me ooit wat ik eet als ik voor mezelf kook. Zonder er lang over na te denken, antwoordde ik asperges met eieren en parmigiano, wat Italianen Milanees noemen. Dit is zo goed, maar zo simpel. Het is mijn idee van comfort food.

1 pond asperges

Zout

3 eetlepels ongezouten boter

vers gemalen zwarte peper

1/2 kopje vers geraspte Parmigiano-Reggiano

4 grote eieren

1. Snijd de onderkant van de asperges af op het punt waar de steel van wit naar groen verkleurt. Breng ongeveer 2 centimeter water aan de kook in een grote koekenpan. Voeg

de asperges toe en zout naar smaak. Kook tot de asperges iets verdubbelen als je hem van het steeluiteinde optilt, ongeveer 4 tot 8 minuten. De kooktijd is afhankelijk van de dikte van de asperges. Breng de asperges met een tang over in een vergiet. Giet ze af en droog ze vervolgens af.

2. Plaats een rek in het midden van de oven. Verwarm de oven voor op 450°F. Beboter een grote ovenschaal.

3. Leg de asperges naast elkaar in de ovenschaal, enigszins overlappend. Besprenkel met 1 eetlepel boter en bestrooi met peper en kaas.

4. Bak 15 minuten of tot de kaas gesmolten en goudbruin is.

5. Smelt in een grote koekenpan met anti-aanbaklaag de resterende 2 eetlepels boter op middelhoog vuur. Als het boterschuim is verdwenen, breek je een ei in een kopje en schuif je het voorzichtig in de pan. Herhaal met de overige eieren. Bestrooi met zout en kook tot de eieren op smaak zijn, ongeveer 2 tot 3 minuten.

6. Verdeel de asperges over de borden. Leg de eieren erop. Giet de pan-sappen erover en serveer heet.

Eieren in het vagevuur

Oova in het vagevuur

Maakt 4 porties

Toen ik een kind was, was het vrijdagavonddiner bij ons thuis altijd een vleesloze maaltijd. Onze maaltijden waren gebaseerd op de Napolitaanse keuken. Het avondeten bestond meestal uit pasta e fagioli (pasta en bonen), tonijnsalade of deze heerlijke eieren gekookt in een pittige tomatensaus, vandaar de charmante naam Eggs in Purgatory. Dit is een perfect gerecht voor als er niet veel in de voorraadkast staat en je snel iets warms wilt. Knapperig brood is de essentiële begeleiding.

2 eetlepels olijfolie

1/4 kopje fijngehakte ui

2 kopjes gepelde tomaten in blik, gehakt

4 verse basilicumblaadjes, in stukjes gesneden, of een snufje gedroogde oregano

Een snufje gemalen rode peper (peperoncino)

Zout

8 grote eieren

1. Giet de olie in een middelgrote koekenpan. Voeg ui toe en kook op middelhoog vuur, al roerend, tot ze zacht en goudbruin zijn, ongeveer 10 minuten. Voeg de tomaten, basilicum, rode paprika en zout naar smaak toe. Breng aan de kook en kook gedurende 15 minuten of tot het ingedikt is.

2. Breek een ei in een klein kopje. Maak met een lepel een kuiltje in de tomatensaus. Schuif het ei in de saus. Ga verder met de overige eieren.

3. Bedek de koekenpan en kook tot de eieren op smaak zijn, 2 tot 3 minuten. Heet opdienen.

Eieren in Tomatensaus, Marchas Style

Oova in Brodetto

Maakt 2 porties

Mijn oom Joe, wiens familie uit de regio Marche aan de oostkust van Italië kwam, had een speciale manier om eieren in tomatensaus te koken. Zijn recept, hoewel vergelijkbaar met<u>Eieren in het vagevuur</u>, bevat een vleugje azijn voor een pittige smaak.

1 kleine ui, heel fijn gesneden

1 eetlepel verse bladpeterselie, zeer fijngehakt

2 eetlepels olijfolie

11/2 kopjes gepelde, gezaaide en in blokjes gesneden verse tomaten of tomaten in blik, uitgelekt en in blokjes gesneden

1 tot 2 eetlepels witte wijnazijn

Zout en versgemalen zwarte peper

4 grote eieren

1. Combineer de ui, peterselie en olie in een koekenpan van 9 inch met anti-aanbaklaag en kook op middelhoog vuur, af en toe roerend, tot de ui zacht en goudbruin is, ongeveer 10 minuten.

2. Voeg de tomaten, azijn, zout en peper naar smaak toe. Kook 10 minuten of tot de saus dikker wordt.

3. Breek een ei in een klein kopje. Maak met een lepel een kuiltje in de saus. Laat het voorzichtig in het ei vallen. Herhaal met de overige eieren. Bestrooi met zout en peper. Dek af en kook tot de eieren op smaak zijn, 2 tot 3 minuten. Heet opdienen.

Eieren in Piemontese stijl

Uova al Cirighet

Maakt 4 porties

Talrijke gerechten in Piemonte worden op smaak gebracht met ansjovis met knoflook en azijn. Hier krijgen eieren deze pittige en hartige behandeling.

4 eetlepels olijfolie

4 ansjovisfilets, uitgelekt en in stukjes gesneden

2 eetlepels gehakte verse bladpeterselie

2 eetlepels kappertjes, afgespoeld en uitgelekt

2 teentjes knoflook, heel fijn gehakt

2 gehakte salieblaadjes

Een snufje gemalen rode peper

1 eetlepel rode wijnazijn

1 tot 2 theelepels vers citroensap

2 eetlepels ongezouten boter

8 grote eieren

Zout

1. Meng in een middelgrote koekenpan de olie, ansjovis, peterselie, kappertjes, knoflook, salie en geplette rode peper. Kook op middelhoog vuur, onder regelmatig roeren, tot de ansjovis is opgelost, 4 tot 5 minuten. Voeg de azijn en het citroensap toe. Kook nog 1 minuut.

2. Smelt de boter in een grote koekenpan met anti-aanbaklaag op middelhoog vuur. Wanneer het boterschuim afneemt, schuif je de eieren voorzichtig in de pan. Bestrooi met zout en kook 2 tot 3 minuten, of tot de eieren op smaak zijn.

3. Giet de saus over de eieren. Serveer onmiddellijk.

Florentijnse eieren

Wauw naar Fiorentina

Maakt 4 porties

Florentijnse eieren worden in de Verenigde Staten vaak bereid met boter en een rijke hollandaisesaus. Dit is een versie die ik in Florence had. In plaats van boter wordt de spinazie gekookt met knoflook en olijfolie, en het enige dat nodig is, is een beetje Parmezaanse kaas bovenop de eieren. Het is een veel lichtere bereiding, perfect voor een informele brunch.

3 pond spinazie, zonder harde stelen

Zout

2 eetlepels olijfolie

1 teentje knoflook, fijngehakt

vers gemalen zwarte peper

8 eieren

2 eetlepels vers geraspte Parmigiano-Reggiano

1. Was de spinazie goed in verschillende verversingen van koud water. Doe de spinazie, 1/2 kopje water en een snufje zout in een grote pan. Bedek de pan en zet het vuur op middelhoog. Kook 5 minuten of tot spinazie zacht en zacht is. Spinazie afgieten en overtollig water afgieten.

2. Giet de olie in een grote koekenpan. Voeg de knoflook toe en kook tot ze goudbruin zijn, ongeveer 2 minuten.

3. Voeg spinazie toe en zout en peper naar smaak. Kook, af en toe roerend, tot het ongeveer 2 minuten is opgewarmd.

4. Breek een ei in een klein kopje. Maak met een lepel een kuiltje in de spinazie. Schuif het ei in de inkeping. Herhaal met de overige eieren.

5. Bestrooi de eieren met zout en peper en de kaas. Bedek de koekenpan en kook 2 tot 3 minuten of tot de eieren naar smaak zijn ingesteld. Heet opdienen.

Gebakken Eieren Met Aardappelen En Kaas

Oova al Forno

Maakt 4 porties

Napolitaans comfortfood is de beste manier om deze gelaagde braadpan van aardappelen, kaas en eieren te beschrijven die mijn moeder vroeger voor me maakte toen ik klein was.

1 pond aardappelen voor alle doeleinden, zoals Yukon gold

Zout

1 eetlepel ongezouten boter

8 ons verse mozzarella, in plakjes

4 grote eieren

vers gemalen zwarte peper

2 eetlepels Parmigiano Reggiano

1. Wrijf de aardappelen in en schil ze. Snijd ze in plakjes van 1/4 inch dik. Doe de aardappelen in een middelgrote pan met koud water om onder te staan en zout naar smaak. Dek af en

breng aan de kook. Kook tot de aardappelen gaar zijn als je er met een vork in prikt, ongeveer 10 minuten. Giet de aardappelen af en laat iets afkoelen.

2. Plaats een rek in het midden van de oven. Verwarm de oven voor op 400°F. Boter rond bodem en zijkanten van 9-inch vierkante ovenschaal. Schik de aardappelschijfjes in de pan, enigszins overlappend. Leg de plakjes kaas op de aardappelen. Breek de eieren in een klein kopje en schuif ze in de pan over de kaas. Bestrooi met zout, peper en de geraspte Parmigiano-Reggiano.

3. Bak tot de eieren op smaak zijn, ongeveer 15 minuten. Heet opdienen.

paprika en eieren

Pepperoni en de uova

Maakt 4 porties

Gesauteerde paprika's of aardappelen afgewerkt met roerei zijn goed voor een brunch met gegrilde worst, of serveer ze gevuld met stukjes knapperig Italiaans brood voor klassieke heldensandwiches.

1/4 kopje olijfolie

2 middelgrote rode paprika's, in kleine stukjes gesneden

1 middelgrote groene paprika, in kleine stukjes gesneden

1 kleine ui, dun gesneden

Zout

8 grote eieren

1/4 kopje vers geraspte Parmigiano-Reggiano

vers gemalen zwarte peper

1. Verhit olie in een koekenpan van 9 inch met anti-aanbaklaag op middelhoog vuur. Voeg paprika, ui en zout naar smaak toe. Kook, onder regelmatig roeren, tot de paprika's goudbruin zijn, ongeveer 20 minuten. Dek af en kook nog 5 minuten of tot de paprika's heel zacht zijn.

2. Klop in een middelgrote kom de eieren los met de kaas en voeg naar smaak zout en gemalen peper toe. Giet de eieren over de paprika's en laat ze even rusten. Draai de paprika's en eieren om met een spatel of lepel zodat de rauwe eieren naar de oppervlakte van de pan komen. Laat de eieren bezinken en weer klauteren. Herhaal het roeren en koken tot de eieren op smaak zijn, ongeveer 2 tot 3 minuten. Heet opdienen.

aardappelen en eieren

Schop met de Uuova

Maakt 4 porties

Roerei met eieren is een klassieke combinatie die overal in Zuid-Italië te vinden is. Desgewenst kunt u een kleine, in dunne plakjes gesneden paprika of een ui, of beide, samen met de aardappelen bakken. Serveer met worst voor de brunch of stop aardappelen en eieren op Italiaans brood voor een heldensandwich.

1/4 kopje olijfolie

4 nieuwe vastkokende aardappelen, geschild en in plakjes van 1/4 inch gesneden

Zout

8 grote eieren

vers gemalen zwarte peper

1. Verhit olie in een koekenpan van 9 inch met anti-aanbaklaag op middelhoog vuur. Droog de aardappelschijfjes en leg ze in de pan. Kook, draai de stukken regelmatig, tot de aardappelen

goudbruin en zacht zijn, ongeveer 10 minuten. Bestrooi met zout.

2. Klop in een middelgrote kom de eieren los met zout en peper naar smaak. Giet de eieren in de pan en laat ze even staan. Draai de aardappelen en eieren om met een spatel of lepel zodat de rauwe eieren naar de oppervlakte van de pan komen. Laat de eieren bezinken en weer klauteren. Herhaal het roeren en koken tot de eieren op smaak zijn, ongeveer 2 tot 3 minuten. Heet opdienen.

Roerei met ei en champignons

oova met champignons

Maakt 4 porties

Roerei met champignons is goed voor een licht diner of brunch. Witte champignons zijn prima, maar wilde paddenstoelen voegen een geweldige aardse smaak toe.

3 eetlepels ongezouten boter

1 kleine ui, fijngehakt

2 kopjes gesneden champignons

Zout en versgemalen zwarte peper

8 grote eieren

1. Smelt de boter in een 9-inch koekenpan met anti-aanbaklaag op middelhoog vuur. Voeg de ui, champignons en zout en peper naar smaak toe. Kook, af en toe roerend, tot de champignons lichtbruin zijn, ongeveer 10 minuten.

2. Klop in een middelgrote kom de eieren los met zout en peper naar smaak. Giet de eieren over de groenten en laat even

staan. Draai de champignons en eieren om met een spatel of lepel zodat de rauwe eieren naar de oppervlakte van de pan komen. Laat de eieren bezinken en weer klauteren. Herhaal het roeren en koken tot de eieren op smaak zijn, ongeveer 2 tot 3 minuten. Heet opdienen.

Frittata van ui en rucola

Cipolle en Rughetta Frittata

Maakt 4 porties

Op een dag kwam een oude vriend van mijn moeder uit Palermo op Sicilië op bezoek. We kenden haar als Zia Millie, ook al was ze niet echt een tante. Hij bood aan om een salade te maken voor bij onze maaltijd en vroeg of ik milde uien had, zoals de rode of witte variëteiten. Het had alleen de gele uien die ik normaal gebruik om te koken, maar ze zei dat dat prima zou zijn. Hij sneed een ui in dunne plakjes en weekte hem in verschillende wisselingen van koud water, die de krachtige sappen verdreef. Tegen de tijd dat we klaar waren om de salade te eten, was de ui net zo zoet als elke mildere variant. Ik gebruik deze methode vaak als ik een milde uiensmaak wil.

Deze Puglia frittata is op smaak gebracht met ui en rucola. Vervang waterkers of spinazieblaadjes als je geen rucola hebt.

2 middelgrote uien, dun gesneden

3 eetlepels olijfolie

1 grote bos rucola, harde stelen verwijderd, in kleine stukjes gesneden (ongeveer 2 kopjes)

8 grote eieren

1/4 kopje vers geraspte Parmigiano-Reggiano

Zout en versgemalen zwarte peper

1. Doe de uien in een kom met koud water zodat ze onder staan. Laat 1 uur staan, ververs het water een of twee keer, tot de uien zoet smaken. Giet af en droog.

2. Giet de olie in een koekenpan van 9 inch met anti-aanbaklaag. Voeg de uien toe. Kook op middelhoog vuur, af en toe roerend, tot de uien zacht en goudbruin zijn, ongeveer 10 minuten. Roer de rucola erdoor tot hij zacht is, ongeveer 1 minuut.

3. 3 Klop in een middelgrote kom de eieren, kaas en zout en peper naar smaak. Giet de eieren over de groenten in de koekenpan en zet het vuur laag. Dek af en kook tot de eieren gestold zijn maar nog vochtig in het midden en de frittata lichtbruin is aan de onderkant, ongeveer 5 tot 10 minuten.

4. Schuif de frittata met een spatel als hulpmiddel op een bord. Keer de pan om op het bord en draai zowel het bord als de pan snel om zodat de frittata terug in de pan ligt met de kant naar boven. Kook tot het in het midden is gezet, nog ongeveer 5 minuten. Of, als je liever niet omdraait, schuif de pan dan 3 tot 5 minuten onder de grill of tot de eieren naar smaak gaar zijn.

5. Schuif de frittata op een serveerschaal en snij in punten. Serveer warm of op kamertemperatuur.

Courgette en Basilicum Frittata

courgette frittata

Maakt 4 porties

Mijn moeder kweekte vroeger courgette in onze kleine achtertuin in Brooklyn. Op het hoogtepunt van het seizoen groeiden ze zo snel dat we ze nauwelijks snel genoeg konden gebruiken. Dus maakte mijn moeder deze simpele frittata, die we aten met een frisse tomatensalade. Niet groter dan een hotdog, de courgette van eigen bodem was zacht en smaakvol, met kleine zaadjes en dunne schil.

3 eetlepels olijfolie

2 tot 3 kleine courgettes (ongeveer 1 pond), gewassen en in plakjes gesneden

8 grote eieren

1/4 kopje vers geraspte Parmigiano-Reggiano

6 verse basilicumblaadjes, gestapeld en in dunne reepjes gesneden

Zout en versgemalen zwarte peper

1. Verhit olie in een 9-inch koekenpan met anti-aanbaklaag op middelhoog vuur. Voeg courgette toe en kook, af en toe de stukken draaiend, tot de courgette goed bruin is, ongeveer 12 minuten.

2. Klop in een grote kom de eieren, kaas, basilicum en peper en zout naar smaak los. Verlaag het vuur tot medium. Giet het mengsel over de courgette. Til de randen van de frittata op terwijl deze zit, zodat het rauwe ei naar de oppervlakte van de pan kan komen. Kook tot de eieren gestold zijn maar nog steeds vochtig in het midden en de frittata lichtbruin is aan de onderkant, ongeveer 5 tot 10 minuten.

3. Schuif de frittata op een bord en keer de pan om op het bord. Draai zowel het bord als de pan snel om zodat de frittata met de kant naar boven kookt. Kook tot het in het midden is gezet, nog ongeveer 5 minuten. Of, als je het liever niet omdraait, schuif de pan dan 3 tot 5 minuten onder de grill of tot het naar wens is. Serveer warm of op kamertemperatuur.

4. Schuif de frittata op een serveerschaal en snij in punten. Serveer warm of koel en serveer koud.

Honderd kruidenfrittata

Frittata met Cento Erbe

Maakt 4 porties

Hoewel ik normaal gesproken slechts vijf of zes kruiden gebruik in deze Friuli-Venezia Giulia frittata, impliceert de naam dat de mogelijkheden veel groter zijn en dat je alle verse kruiden kunt gebruiken die voorhanden zijn. Verse peterselie is essentieel, maar als de enige andere kruiden die je bij de hand hebt gedroogd zijn, gebruik dan slechts een snufje of je smaken zullen overweldigend zijn.

8 grote eieren

1/4 kopje vers geraspte Parmigiano-Reggiano

2 eetlepels fijngehakte verse bladpeterselie

2 eetlepels fijngehakte verse basilicum

1 eetlepel gehakte verse bieslook

1 theelepel gehakte verse dragon

1 theelepel fijngehakte verse tijm

Zout en versgemalen zwarte peper

2 eetlepels olijfolie

1. Klop in een grote kom de eieren, kaas, kruiden en peper en zout naar smaak goed door elkaar.

2. Verhit olie in een koekenpan van 9 inch met anti-aanbaklaag op middelhoog vuur. Giet het eimengsel in de pan. Til de randen van de frittata op terwijl deze zit, zodat het rauwe ei naar de oppervlakte van de pan kan komen. Kook tot de eieren gestold zijn maar nog steeds vochtig in het midden en de frittata lichtbruin is aan de onderkant, ongeveer 5 tot 10 minuten.

3. Schuif de frittata op een bord en keer de pan om op het bord. Draai zowel het bord als de pan snel om zodat de frittata met de kant naar boven kookt. Kook tot het in het midden is gezet, nog ongeveer 5 minuten. Of, als je het liever niet omdraait, schuif de pan dan 3 tot 5 minuten onder de grill of tot het naar wens is. Serveer warm of op kamertemperatuur.

spinazie frittata

Frittata van Spinaci

Maakt 4 porties

Spinazie, escarole, snijbiet of andere groenten kunnen in deze frittata worden gebruikt. Serveer met gebakken champignons en gesneden tomaten.

1 pond verse spinazie, gehakt

1/4 kopje water

Zout

8 grote eieren

1/4 kopje slagroom

1/2 kopje vers geraspte Parmigiano-Reggiano

2 eetlepels ongezouten boter

1. Doe spinazie, water en zout naar smaak in een grote pan. Dek af en kook op middelhoog vuur tot het zacht is, ongeveer 5

minuten. Laat goed uitlekken. Iets afkoelen. Leg de spinazie op een theedoek en knijp om het vocht eruit te halen.

2. Klop in een grote kom de eieren, room, kaas en zout en peper naar smaak. Voeg spinazie toe.

3. Smelt de boter in een 9-inch koekenpan met anti-aanbaklaag op middelhoog vuur. Giet het mengsel in de pan. Til de randen van de frittata op terwijl deze zit, zodat het rauwe ei naar de oppervlakte van de pan kan komen. Kook tot de eieren gestold zijn maar nog steeds vochtig in het midden en de frittata lichtbruin is aan de onderkant, ongeveer 5 tot 10 minuten.

4. Schuif de frittata op een bord en keer de pan om op het bord. Draai zowel het bord als de pan snel om zodat de frittata met de kant naar boven kookt. Kook tot het in het midden is gezet, nog ongeveer 5 minuten. Of, als je het liever niet omdraait, schuif de pan dan 3 tot 5 minuten onder de grill of tot het naar wens is. Serveer warm of op kamertemperatuur.

Champignon en Fontina Frittata

Champignon en Fontina Frittata

Maakt 4 porties

Echte Fontina Valle d'Aosta heeft een houtachtig paddenstoelenaroma en past goed bij elk paddenstoelengerecht. Gebruik wilde paddenstoelen als je die liever hebt dan witte.

3 eetlepels ongezouten boter

8 ons champignons, gehalveerd of in vieren gesneden als ze groot zijn

Zout en versgemalen zwarte peper

8 grote eieren

2 eetlepels gehakte verse bladpeterselie

4 ons Fontina Valle d'Aosta, in plakjes

1. Smelt de boter in een 9-inch koekenpan met anti-aanbaklaag op middelhoog vuur. Voeg de champignons toe en breng op smaak. Kook, onder regelmatig roeren, tot de champignons lichtbruin zijn, ongeveer 10 minuten.

2. Klop in een grote kom de eieren los met de peterselie en breng op smaak. Verlaag het vuur tot medium. Giet het mengsel over de champignons. Til de randen van de frittata op terwijl deze zit, zodat het rauwe ei naar de oppervlakte van de pan kan komen. Dek af en kook tot de eieren gestold zijn maar nog vochtig in het midden en de frittata lichtbruin is aan de onderkant, ongeveer 5 tot 10 minuten.

3. Leg de plakjes kaas erop. Schuif de koekenpan onder de grill en kook 1 tot 3 minuten of tot de kaas is gesmolten en de eieren naar smaak zijn gezet. Of, als je wilt, dek de pan af en kook 3 tot 5 minuten, tot de kaas gesmolten is en de eieren naar smaak zijn.

4. Schuif de frittata op een serveerschaal. Heet opdienen.

Napolitaanse Spaghetti Frittata

spaghetti frittata

Maakt 6 porties

Een paar jaar geleden raakte een ver familielid tijdens een familiebijeenkomst aan de praat over zijn favoriete recepten. Ze beschreef een platte cake met gouden korst gevuld met vlees en kaas waar haar kinderen de hele tijd om vroegen. Ik heb je instructies opgeschreven en thuis geprobeerd. Het smaakte zo goed als ze zei, en sindsdien heb ik vernomen dat het een traditioneel Napolitaans recept is. Hoewel je alleen voor dit gerecht spaghetti zou kunnen maken, wordt het traditioneel gemaakt met restjes.

8 grote eieren

1/2 kopje vers geraspte Parmigiano-Reggiano of Pecorino Romano

Zout en versgemalen zwarte peper

12 ons spaghetti of andere pasta, gekookt en uitgelekt

4 ons salami, prosciutto of geïmporteerde Italiaanse ham, in smalle reepjes gesneden

2 eetlepels olijfolie

8 ons mozzarella, dun gesneden

1.Klop in een grote kom de eieren, kaas en peper en zout naar smaak los. Voeg spaghetti en salami toe.

2.Verhit olie in een koekenpan van 9 inch met anti-aanbaklaag op middelhoog vuur. Voeg de helft van het spaghettimengsel toe. Beleg met de plakjes kaas. Giet het resterende pastamengsel over de kaas.

3.Verminder hitte tot een minimum. Kook de spaghetti, druk het oppervlak af en toe plat, zodat de pasta aan elkaar plakt en een cake vormt. Schuif na ongeveer 5 minuten een spatel langs de rand van de vorm en til de cake voorzichtig op om ervoor te zorgen dat hij niet blijft plakken. Kook tot de eieren gestold zijn en de frittata aan de onderkant lichtbruin is, ongeveer 15 tot 20 minuten.

4.Schuif de frittata op een bord en keer de pan om op het bord. Draai zowel het bord als de pan snel om zodat de frittata met de kant naar boven kookt. Kook tot het in het midden is gezet, nog ongeveer 5 minuten. Of, als je het liever niet omdraait, schuif de pan dan 3 tot 5 minuten onder de grill of tot het naar wens is. Serveer warm of op kamertemperatuur.

Pasta frittata

pasta frittata

Maakt 4 porties

Overgebleven pasta kan worden gerecycled tot deze heerlijke frittata. Het maakt niet uit of de pasta naturel is of met tomatensaus, vleessaus of groenten, deze frittata komt altijd goed uit de verf. Improviseer door gehakte worst, ham, kaas of wat gesneden gekookte groenten toe te voegen. De bedragen zijn niet echt belangrijk.

6 grote eieren

1/2 kopje vers geraspte Parmigiano-Reggiano

Zout en versgemalen zwarte peper

8 ons gekookte pasta, met of zonder saus

2 eetlepels olijfolie

1. Klop in een grote kom de eieren, kaas en peper en zout naar smaak door elkaar. Voeg de gekookte pasta toe.

2. Verhit olie in een koekenpan van 9 inch met anti-aanbaklaag op middelhoog vuur. Voeg het pastamengsel toe en druk het aan tot het plat is. Kook tot de eieren gestold zijn maar nog steeds vochtig in het midden en de frittata lichtbruin is aan de onderkant, ongeveer 10 minuten.

3. Schuif de frittata op een bord en keer de pan om op het bord. Draai zowel het bord als de pan snel om zodat de frittata met de kant naar boven kookt. Kook tot het in het midden is gezet, nog ongeveer 5 minuten. Of, als je het liever niet omdraait, schuif de pan dan 3 tot 5 minuten onder de grill of tot het naar wens is. Serveer warm of op kamertemperatuur.

kleine tortilla's

frittatina

Maakt 6 porties

Minitortilla's, bereid op een bakplaat zoals pannenkoeken, zijn goed om te serveren als onderdeel van een antipasto-assortiment of om te gebruiken als broodbeleg. Deze versie met prei en kool komt uit Piemonte.

Ongeveer 1/4 kopje olijfolie

3 kopjes fijngesneden kool

1 middelgrote prei, gesneden en in dunne plakjes gesneden

6 grote eieren

1/2 kopje vers geraspte Parmigiano-Reggiano

1/2 theelepel zout

vers gemalen zwarte peper

1. Verhit in een zware 9-inch koekenpan met anti-aanbaklaag 3 eetlepels olie op middelhoog vuur. Voeg kool en prei toe.

Bedek de koekenpan en kook, af en toe roerend, tot de kool heel zacht is, ongeveer 30 minuten. Laten afkoelen.

2. Klop in een middelgrote kom de eieren, kaas en zout en peper naar smaak. Voeg het groentemengsel toe.

3. Bestrijk een bakplaat of grote koekenpan met anti-aanbaklaag lichtjes met olie. Verwarm op middelhoog vuur.

4. Roer het eimengsel erdoor en giet 1/4 kopje op de bakplaat, laat ongeveer 10 cm tussen de tortilla's. Druk iets plat met de achterkant van een lepel. Kook tot de eieren gestold zijn en de tortilla's net bruin beginnen te worden aan de onderkant, ongeveer 2 minuten. Draai de tortilla's met behulp van een pannenkoekendraaier om en bak ze nog ongeveer 1 minuut aan de andere kant. Leg de tortilla's op een bord.

5. Kook de overige tortilla's op dezelfde manier. Serveer warm of op kamertemperatuur.

Ricottabloem en courgettefrittata

Frittata di Fiori en Ricotta

Maakt 4 porties

Courgettebloemen zijn niet alleen mooi maar ook heerlijk om te eten, iets wat Italianen maar al te goed weten. Mijn lokale boerenmarkt had op zaterdag een overvloed aan courgettebloesems. Ik had wat gekocht om te vullen en te bakken, maar ik had nog veel over, dus maakte ik deze frittata met de overgebleven bloemen. Het was delicaat en heerlijk; Ik heb het sindsdien verschillende keren voor brunch gemaakt.

Het kan ook worden gemaakt met alleen ricotta als je geen courgettebloemen hebt.

2 eetlepels ongezouten boter

6 courgettes of andere pompoenbloesems, afgespoeld en gedroogd

6 grote eieren, losgeklopt

1/4 kopje vers geraspte Parmigiano-Reggiano

Zout en versgemalen peper

1 kopje ricotta

1. Smelt de boter in een 9-inch koekenpan met anti-aanbaklaag op middelhoog vuur. Schik de courgettebloesems in de pan in een molenvorm.

2. Klop in een middelgrote kom de eieren, Parmezaanse kaas en zout en peper naar smaak. Giet het mengsel voorzichtig over de bloemen zonder ze te storen. Schep klodders ricotta rond de pan. Til de randen van de frittata op terwijl deze zit, zodat het rauwe ei naar de oppervlakte van de pan kan komen. Kook tot de eieren gestold zijn maar nog steeds vochtig in het midden en de frittata lichtbruin is aan de onderkant, ongeveer 5 tot 10 minuten.

3. Schuif de frittata op een bord en keer de pan om op het bord. Draai zowel het bord als de pan snel om zodat de frittata met de kant naar boven kookt. Kook tot het in het midden is gezet, nog ongeveer 5 minuten. Of, als je het liever niet omdraait, schuif de pan dan 3 tot 5 minuten onder de grill, of tot de eieren naar smaak gaar zijn. Serveer warm of op kamertemperatuur.

Tortillareepjes In Tomatensaus

Fettuccine van Frittata

Maakt 4 porties

Geen pasta? Geen probleem. Maak een dunne frittata en snij in reepjes om op fettuccine te lijken. Hoewel het in heel Italië bekend staat als fettuccine di frittata, wordt dit gerecht in Rome trippe finte genoemd, wat valse pens betekent, omdat de eierreepjes op ingewanden lijken als ze op deze manier worden gekookt. Serveer het voor lunch of diner met eventuele groene groenten van het seizoen of een groene salade.

2 kopjes verse tomatensaus of Toscaanse Tomatensaus

8 grote eieren

1/4 kopje vers geraspte Parmigiano-Reggiano, plus meer om te serveren

1 eetlepel gehakte verse bladpeterselie

1 theelepel zout

vers gemalen zwarte peper

2 eetlepels ongezouten boter

1. Bereid de tomatensaus, indien nodig. Plaats vervolgens een rooster in het midden van de oven. Verwarm de oven voor op 400°F. Beboter royaal een ovenschaal van 13 × 9 × 2 inch.

2. Klop in een middelgrote kom de eieren, 1/4 kopje kaas, peterselie, zout en peper naar smaak. Giet het eimengsel in de voorbereide pan. Bak 8 tot 10 minuten of tot de eieren gestold zijn en een in het midden gestoken mes er schoon uitkomt.

3. Ga met een mes langs de rand van de pan. Keer de eieren om op een snijplank. Snijd tortilla in reepjes van 1/2-inch.

4. Verhit de saus in een 9-inch koekenpan met anti-aanbaklaag op laag vuur tot het suddert. Schuif de eierreepjes in de saus. Kook, al roerend, gedurende 2 tot 3 minuten. Serveer warm met geraspte kaas.

Zeebaars met Olijfkruimels

Branzino helemaal olijf

Maakt 4 porties

Olijfbomen groeien in overvloed in heel Toscane. De meeste olijven worden geperst om olie te maken, maar koks hebben nog genoeg lekkere olijven tot hun beschikking. Hier aromatiseren ze de kruimels die over de zeebaarsfilets zijn uitgesmeerd.

3/4 kopjes droog paneermeel, bij voorkeur zelfgemaakt

1/3 kopje fijngehakte zachte zwarte olijven

1 teentje knoflook, fijngehakt

1 eetlepel gehakte verse bladpeterselie

1 theelepel citroenschil

Zout

vers gemalen zwarte peper

Ongeveer 1/4 kopje olijfolie

1½ pond zeebaars of andere stevige witte visfilets, vel verwijderd

1. Plaats een rek in het midden van de oven. Verwarm de oven voor op 450°F. Vet een grote ovenschaal in.

2. In een kom doen we het paneermeel, de olijven, de knoflook, de peterselie, de citroenschil, een snufje zout en zwarte peper naar smaak. Voeg de olijfolie toe en roer goed.

3. Schik de vis in de pan in een enkele laag. Stapel de kruimels op de filets.

4. Bak 8 tot 10 minuten, afhankelijk van de dikte van de vis, of tot de kruimels goudbruin zijn en de vis net ondoorzichtig is als hij in het dikste deel wordt gesneden. Serveer onmiddellijk.

Zeebaars Met Champignons

Branzino alla Romana

Maakt 4 porties

Een smaakvolle vulling tussen twee visfilets zonder been klemmen is een geweldige manier om de smaak van gevulde vis te krijgen zonder botten aan te raken. Elke grote visfilet kan worden gebruikt, zoals zalm, tandbaars of vette vis. Kies twee steaks van vergelijkbare grootte en vorm.

4 eetlepels olijfolie

3 groene uien, gehakt

1 teentje knoflook, fijngehakt

8 ons witte champignons, gesneden en gehakt

2 ansjovisfilets, in stukjes gesneden

Zout en versgemalen zwarte peper

1/2 kop droge witte wijn

2 eetlepels gehakte verse bladpeterselie

2 eetlepels paneermeel

2 zeebaars, tandbaars of gelijkaardig gevormde olieachtige filets (ongeveer 3/4 pond per stuk), vel verwijderd

1. Plaats een rek in het midden van de oven. Verwarm de oven voor op 400°F. Vet een bakblik in dat groot genoeg is voor de gestapelde filets.

2. Giet 3 eetlepels olie in een grote koekenpan. Voeg de groene uien en knoflook toe en kook op middelhoog vuur tot ze zacht zijn, ongeveer 5 minuten. Voeg champignons, ansjovis en zout en peper naar smaak toe. Kook 5 minuten, af en toe roerend. Voeg de wijn toe en laat 15 minuten sudderen of tot de vloeistof is verdampt. Haal van het vuur en voeg de peterselie en paneermeel toe.

3. Leg een filet met de huid naar beneden in de pan.

4. Verdeel ongeveer tweederde van het champignonmengsel over de filet in de koekenpan. Bedek met de tweede filet met de huid naar beneden en verdeel de rest van het champignonmengsel erover. Besprenkel met de resterende eetlepel olie.

5. Bak 15 tot 20 minuten, afhankelijk van de dikte, of tot de vis net ondoorzichtig is als hij in het dikste deel wordt gesneden. Heet opdienen.

Tarbotfilets Met Olijvenpasta En Tomaten

Ruit met olijvenpasta

Maakt 4 porties

Een grote pot zwarte olijvenpasta uit Italië en wat rijpe tomaten inspireerden me om dit smakelijke recept te maken.

1½ pond tarbot, zeebaars of andere dikke witte visfilets

2 eetlepels zwarte olijvenpasta, of zeer fijngehakte milde zwarte olijven

2 middelgrote tomaten, in blokjes

6 verse basilicumblaadjes, gerold en kruisgewijs in dunne reepjes gesneden

1. Plaats een rek in het midden van de oven. Verwarm de oven voor op 450°F. Vet een bakblik in dat groot genoeg is om de filets in een enkele laag te houden.

2. Schik de filets in de pan in een enkele laag. Bestrijk de filets met de olijvenpasta. Verdeel de tomaten en basilicum over de vis.

3. Bak 8 tot 10 minuten, afhankelijk van de dikte, tot de vis net ondoorzichtig is als hij in het dikste deel wordt gesneden. Serveer onmiddellijk.

geroosterde kabeljauw

Merluzzo alla Griglia

Maakt 4 porties

Rode snapper, tandbaars en mahi-mahi zijn andere goede opties voor deze standaard gegrilde vis. Ik serveer het erbij<u>Aardappelpuree met olijven en peterselie</u>En<u>Broccoli Met Olie En Citroen</u>.

1 1/2 pond verse kabeljauwfilet

3 eetlepels olijfolie

2 eetlepels rode wijnazijn

2 teentjes knoflook, dun gesneden

1 theelepel gedroogde oregano, verkruimeld

Zout en versgemalen zwarte peper

2 eetlepels gehakte verse bladpeterselie

1 citroen, in partjes gesneden

1. Verwarm de vleeskuikens voor op hoog. Vet een bakvorm in die groot genoeg is om de vis in een enkele laag te houden. Leg de vis in de pan.

2. Meng de olie, azijn, knoflook, oregano en zout en peper naar smaak. Giet het mengsel over de visfilets. Bestrooi met de helft van de peterselie.

3. Grill de vis 8 tot 10 minuten, afhankelijk van de dikte, of tot hij net ondoorzichtig is als hij in het dikste deel wordt gesneden. Bestrooi met de overgebleven peterselie. Serveer warm, met partjes citroen.

Vissen in "Crazy Water"

Vissen in Acqua Pazza

Maakt 4 porties

Waarom deze Napolitaanse manier van viskoken precies agua loca wordt genoemd, is niet zeker, maar het is waarschijnlijk een verwijzing naar het zeewater dat vissers vroeger gebruikten om hun verse vangst te koken. Hoewel deze methode over het algemeen wordt gebruikt om hele vissen te koken, vind ik dat het ook goed werkt met filets. Gebruik een stevige variant die zijn vorm behoudt tijdens het sudderen.

3 eetlepels olijfolie

1 teentje knoflook, dun gesneden

4 pruimtomaten, gehalveerd, ontpit en in stukjes gesneden

1 eetlepel gehakte verse bladpeterselie

Een snufje gemalen rode peper

1/2 kopje water

Zout naar smaak

1½ pond stevige visfilets, zoals zeebaars, tarbot of rode snapper

1. Giet de olijfolie in een grote koekenpan. Voeg de knoflook toe en kook op middelhoog vuur goudbruin, ongeveer 5 minuten. Voeg de tomaten, peterselie, rode paprika, water en zout naar smaak toe. Breng aan de kook en kook 5 minuten.

2. Voeg de vis toe aan de pan en bedek met de saus. Dek af en kook gedurende 5 tot 10 minuten, of tot de vis net ondoorzichtig is wanneer hij in het dikste deel wordt gesneden. Heet opdienen.

Blauwe vis met citroen en munt

Azzurro Vis Met Limone

Maakt 4 porties

Omdat ze een hoger vetgehalte hebben dan andere soorten, hebben donkervlezige vissen zoals vette vis een sterkere smaak. Zuid-Italianen koken ze in een lekkere en verfrissende marinade met knoflook, munt en citroen.

2 grote teentjes knoflook, fijngehakt

3 eetlepels olijfolie

1/4 kopje vers citroensap

1/2 theelepel vers geraspte citroenschil

Zout en versgemalen zwarte peper naar smaak

1/4 kopje gehakte verse munt

1½ pond vette vis of makreelfilets

1. Meng in een ondiepe kom de knoflook, olijfolie, citroensap, schil, zout en peper. Voeg de munt toe. Voeg vis toe, draai de

filets om aan alle kanten te coaten. Dek af en marineer 1 uur in de koelkast.

2.Grill voorverwarmen. Leg de vis met het vel naar beneden in de braadpan. Kook, rijg de filets een keer met marinade, 8 tot 10 minuten, afhankelijk van de dikte van de vis, of tot ze lichtbruin en net ondoorzichtig zijn in het dikste deel. Het is niet nodig om de vis om te draaien. Heet opdienen.

gevulde zool

rijpe sogliole

Maakt 4 porties

De aanwezigheid van rozijnen, pijnboompitten en kappertjes in deze smakelijke vulling is meestal een teken van een Siciliaans gerecht, ook al komt dit recept uit Ligurië. Wat de oorsprong ook is, de vulling verfraait de witte visfilets. Kies grote, dunne filets, zoals bot of bot.

1/2 kopje gewone paneermeel

2 eetlepels pijnboompitten

2 eetlepels rozijnen

2 eetlepels kappertjes, afgespoeld en uitgelekt

1 eetlepel gehakte verse bladpeterselie

1 klein teentje knoflook, fijngehakt

3 eetlepels olijfolie

2 eetlepels vers citroensap

Zout en versgemalen zwarte peper

4 grote filets van tong, bot of andere dunne filets (ongeveer 1½ pond)

1. Plaats een rek in het midden van de oven. Verwarm de oven voor op 400°F. Vet een grote ovenschaal in.

2. Meng het paneermeel, pijnboompitten, rozijnen, kappertjes, peterselie en knoflook. Voeg 2 eetlepels olie toe, het citroensap en zout en peper naar smaak.

3. Bewaar 2 eetlepels van het kruimelmengsel. Verdeel de rest in de helft van elke filet. Vouw de filets om de vulling te omsluiten. Schik de filets in de bakvorm. Bestrooi met het gereserveerde kruimelmengsel. Besprenkel met de resterende 1 eetlepel olie.

4. Bak 6 tot 8 minuten, of tot ze net ondoorzichtig zijn wanneer ze in het dikste deel worden gesneden. Heet opdienen.

Tongrolletjes met basilicum en amandelen

Sogliola met Basilico en Mandorle

Maakt 4 porties

Andrea Felluga van wijnmakerij Livio Felluga nam mijn man en ik onder zijn hoede en liet ons zijn regio Friuli-Venezia Giulia zien. Een gedenkwaardige stad die we bezochten was Grado, aan de Adriatische kust. Gelegen op een eiland, was Grado een toevluchtsoord voor Romeinse burgers uit het nabijgelegen Aquileia die op de vlucht waren voor de aanval van Attila de Hun in de vijfde eeuw. Tegenwoordig is het een badplaats, hoewel er maar weinig niet-Italianen lijken te komen, maar in plaats daarvan trekken ze massaal naar het nabijgelegen Venetië. Op deze manier bereide tong aten we bij Restaurant Colussi, een levendig restaurant dat typische gerechten uit de streek serveert.

4 grote filets van tong, bot of andere dunne filets (ongeveer 1½ pond)

Zout en versgemalen zwarte peper

6 verse basilicumblaadjes, fijngehakt

2 eetlepels ongezouten boter, gesmolten

1 eetlepel vers citroensap

1/4 kopje gesneden amandelen of pijnboompitten

1. Plaats een rek in het midden van de oven. Verwarm de oven voor op 350 ° F. Beboter een kleine ovenschaal.

2. Snijd de tongfilets in de lengte doormidden. Leg de filets met de huid naar boven op een vlakke ondergrond en bestrooi ze met zout en peper. Bestrooi met de helft van de basilicum, boter en citroensap. Begin bij het breedste uiteinde en rol de stukken vis op. Leg de rolletjes met de naad naar beneden in de ovenschaal. Besprenkel met het resterende citroensap en de boter. Strooi de rest van de basilicum en walnoten erover.

3. Bak de vis 15 tot 20 minuten, of tot hij net ondoorzichtig is wanneer hij in het dikste deel wordt gesneden. Heet opdienen.

Gemarineerde Tonijn, Siciliaanse Stijl

voorwaardelijke toon

Maakt 4 porties

De tonijn in dit recept wordt zachtjes gestoomd en daarna aangekleed met verse kruiden en smaakmakers. Het zou een koele en verfrissende zomermaaltijd zijn, geserveerd op een bedje van bladgroen of rucolasalade met een aardappelsalade.

1 1/4 pond tonijnsteaks, ongeveer 3/4-inch dik

2 eetlepels rode wijnazijn

Zout

3 tot 4 eetlepels extra vergine olijfolie

1 teentje knoflook, fijngehakt

2 eetlepels gehakte verse bladpeterselie

1 eetlepel gehakte verse munt

1/2 theelepel geplette rode peper

1. Vul een pot die op een stoomrek past met 1/2-inch water. Breng het water aan de kook. Snijd ondertussen de tonijn in reepjes van ½ cm dik. Schik de vis op het stoomrek. Plaats het rek in de pot. Dek de pan af en laat de tonijn 3 minuten stomen of tot hij lichtroze is in het midden. Test op gaarheid door een klein sneetje te maken in het dikste deel van de vis.

2. Meng de azijn en het zout in een diep bord. Voeg de olie, knoflook, kruiden en geplette rode peper toe. Voeg de stukjes tonijn toe.

3. Laat ongeveer 1 uur staan alvorens te serveren.

Oranje Tonijn Spiesjes

Tonno Spiedini

Maakt 4 porties

Elk voorjaar verzamelen Siciliaanse vissers zich voor de mattanza, het slachten van tonijn. Bij deze rituele vismarathon zijn talloze kleine boten met mannen betrokken die de migrerende tonijn in een reeks kleinere en kleinere netten hoeden totdat ze vast komen te zitten. De enorme vissen worden vervolgens gedood en aan boord van de schepen gebracht. Het proces is moeizaam en terwijl de mannen aan het werk zijn, zingen ze speciale gezangen die historici dateren uit de Middeleeuwen of zelfs eerder. Hoewel deze praktijk aan het uitsterven is, zijn er nog steeds een paar plaatsen langs de noord- en westkust waar de mattanza plaatsvindt.

Sicilianen hebben talloze manieren om tonijn te koken. Hierin preludeert het aroma van geroosterde sinaasappel en kruiden de prikkelende smaak van stevige visbrokken.

1½ pond verse tonijn, zwaardvis of zalmfilets (ongeveer 2,5 cm dik)

1 navelsinaasappel, in 16 stukjes gesneden

1 kleine rode ui, in 16 stukjes gesneden

2 eetlepels olijfolie

2 eetlepels vers citroensap

1 eetlepel gehakte verse rozemarijn

Zout en versgemalen zwarte peper

6 tot 8 laurierblaadjes

1. Snijd de tonijn in stukjes van 1½ cm. Meng in een grote kom de stukjes tonijn, sinaasappel en rode ui met de olijfolie, citroensap, rozemarijn en zout en peper naar smaak.

2. Plaats de barbecue of het braadrek op ongeveer 15 cm van de warmtebron. Verwarm de grill of barbecue voor.

3. Rijg afwisselend tonijn, sinaasappelstukjes, ui en laurierblaadjes aan 8 spiesen.

4. Grill of rooster tot de tonijn goudbruin is, ongeveer 3 tot 4 minuten. Draai de spiesjes om en kook tot ze goudbruin zijn aan de buitenkant maar nog steeds roze in het midden, nog

ongeveer 2 minuten, of tot ze naar smaak gaar zijn. Heet opdienen.

Gegrilde tonijn en paprika, Molise-stijl

Tonno en pepperoni

Maakt 4 porties

Paprika's en pepers zijn een van de kenmerken van koken in Molise-stijl. Ik maakte dit gerecht eerst met sgombri, wat lijkt op makreel, maar ik maak het vaak met tonijn of zwaardvissteaks.

4 rode of gele paprika's

4 tonijnsteaks (elk ongeveer 3/4-inch dik)

2 eetlepels olijfolie

Zout en versgemalen zwarte peper

1 eetlepel vers citroensap

2 eetlepels gehakte verse bladpeterselie

1 kleine jalapeno of andere verse chilipeper, fijngehakte of geplette rode paprika naar smaak

1 teentje knoflook, fijngehakt

1. Plaats de grill- of vleeskuikenpan ongeveer 15 cm van de warmtebron. Bereid een middelhoog vuur op een barbecuerooster of verwarm de grill voor.

2. Rooster of gril de paprika's, draai ze regelmatig, tot de schil blaren en licht verkoold is, ongeveer 15 minuten. Doe de paprika's in een kom en dek af met aluminiumfolie of plasticfolie.

3. Bestrijk de tonijnfilets met olie en breng op smaak. Grill of rooster de vis tot hij aan één kant bruin is, ongeveer 2 minuten. Draai de vis om met een tang en kook tot ze goudbruin is aan de andere kant maar nog steeds roze in het midden, nog ongeveer 2 minuten, of tot ze gaar zijn naar smaak. Test op gaarheid door een klein sneetje te maken in het dikste deel van de vis.

4. Ontpit, schil en ontpit de paprika's. Snijd paprika in reepjes van 1/2 inch en doe ze in een kom. Breng op smaak met 2 eetlepels olie, citroensap, peterselie, chili, knoflook en zout naar smaak. Meng voorzichtig.

5. Snijd de vis in plakjes van ½ cm. Leg de plakken licht overlappend op een serveerschaal. Leg de paprika's erop. Serveer warm.

Gegrilde Tonijn Met Citroen En Oregano

Tonno alla Griglia

Maakt 4 porties

De eerste keer dat ik Sicilië bezocht, in 1970, waren er niet veel restaurants; alles wat bestond leek hetzelfde menu te serveren. Ik at tonijn- of zwaardvissteaks die op deze manier waren bereid voor vrijwel elke lunch en diner. Gelukkig was hij altijd goed voorbereid. Sicilianen snijden hun visfilets slechts 1/2-inch dik, maar ik geef er de voorkeur aan dat ze 2,5 cm dik zijn, zodat ze niet snel te gaar worden. Tonijn is op zijn best, vochtig en mals, als hij wordt gekookt tot het midden rood of roze is, terwijl zwaardvis een beetje roze moet zijn. Doordat er kraakbeen in zit dat zachter moet worden, kan de haai wat langer gaar worden.

4 tonijn-, zwaardvis- of haaiensteaks, ongeveer 2,5 cm dik

Olijfolie

Zout en versgemalen zwarte peper

1 eetlepel vers geperst citroensap

$1/2$ theelepel gedroogde oregano

1. Plaats een barbecue-grill of braadrek ongeveer 5 centimeter van de warmtebron. Verwarm de grill of barbecue voor.

2. Bestrijk de filets royaal met de olie en voeg zout en peper naar smaak toe.

3. Grill de vis tot hij aan één kant lichtbruin is, 2 tot 3 minuten. Draai de vis om en kook tot hij lichtbruin maar nog steeds roze van binnen is, nog ongeveer 2 minuten, of tot hij gaar is naar smaak. Test op gaarheid door een klein sneetje te maken in het dikste deel van de vis.

4. Meng in een kleine kom 3 eetlepels olijfolie, citroensap, oregano en zout en peper naar smaak. Giet het citroensapmengsel over de tonijnsteaks en serveer direct.

Krokante Gegrilde Tonijnsteaks

Tonno alla Griglia

Maakt 4 porties

Het paneermeel zorgt voor een lekker krokant laagje op deze visfilets.

4 tonijn- of zwaardvissteaks (2,5 cm dik)

3/4 kopje droge broodkruimels

1 eetlepel gehakte verse bladpeterselie

1 eetlepel gehakte verse munt of 1 theelepel gedroogde oregano

Zout en versgemalen zwarte peper

4 eetlepels olijfolie

Schijfjes citroen

1. Grill voorverwarmen. Vet de braadpan in. Meng in een kom de paneermeel, peterselie, munt en peper en zout naar smaak. Voeg 3 eetlepels olie toe, of net genoeg om de kruimels te bevochtigen.

2. Leg de visfilets in de braadpan. Verdeel de helft van de kruimels over de vis en klop ze plat.

3. Grill de filets ongeveer 15 cm van de vlam gedurende 3 minuten, of tot de kruimels goudbruin zijn. Draai de steaks voorzichtig om met een metalen spatel en bestrooi met de resterende kruimels. Grill nog 2 tot 3 minuten of tot ze nog roze zijn in het midden, of tot ze gaar zijn naar smaak. Test op gaarheid door een klein sneetje te maken in het dikste deel van de vis.

4. Besprenkel met de resterende 1 eetlepel olie. Serveer warm, met partjes citroen.

Gegrilde tonijn met rucola pesto

pesto toon

Maakt 4 porties

De pittige smaak van rucola en de heldere smaragdgroene kleur van deze saus is een perfecte aanvulling op verse tonijn of zwaardvis. Dit gerecht is ook lekker op koele kamertemperatuur.

4 tonijnsteaks, ongeveer 2,5 cm dik

Olijfolie

Zout en versgemalen zwarte peper

rucola pesto

1 bosje rucola, gewassen en gesteeld (ongeveer 2 licht verpakte kopjes)

1/2 kopje licht verpakte verse basilicum

2 knoflookteentjes

1/2 kopje olijfolie

Zout en versgemalen zwarte peper

1. Wrijf de vis in met een beetje olie en breng op smaak. Dek af en zet in de koelkast tot het klaar is om te koken.

2. Om de pesto te maken: combineer de rucola, basilicum en knoflook in een keukenmachine tot ze fijngehakt zijn. Voeg langzaam de olie toe en verwerk tot een gladde massa. Voeg zout en peper naar smaak toe. Dek af en laat 1 uur op kamertemperatuur staan.

3. Verhit in een grote koekenpan met anti-aanbaklaag 1 eetlepel olie op middelhoog vuur. Voeg tonijnplakjes toe en kook 2 tot 3 minuten per kant of tot ze goudbruin zijn aan de buitenkant maar nog steeds roze in het midden, of net gaar naar smaak. Test op gaarheid door een klein sneetje te maken in het dikste deel van de vis.

4. Serveer de tonijn heet of op kamertemperatuur, besprenkeld met rucolapesto.

Cannellini-stoofpot met tonijn en bonen

Tonno fornuis

Maakt 4 porties

In de winter heb ik de neiging om meer vlees te koken dan zeevruchten, omdat vlees meer voldoening geeft als het koud is. De uitzondering is deze stoofpot gemaakt met verse, vlezige tonijnsteaks en bonen. Het heeft alle rib-stick eigenschappen en de goede smaak van een bonenstoofpot, maar zonder het vlees, waardoor het perfect is voor mensen die de voorkeur geven aan vleesloze maaltijden.

2 eetlepels olijfolie

1 1/2 pond verse tonijn (1 inch dik), in stukken van 1 1/2 inch gesneden

Zout en versgemalen zwarte peper naar smaak

1 grote rode of groene paprika, in kleine stukjes gesneden

1 kopje gepelde tomaten in blik, uitgelekt en in stukjes gesneden

1 grote teen knoflook, fijngehakt

6 verse basilicumblaadjes, in kleine stukjes gesneden

1 (16-ounce) cannellinibonen, gespoeld en uitgelekt, of 2 kopjes gekookte droge bonen

1. Verhit olie in een grote koekenpan op middelhoog vuur. Dep de stukjes tonijn droog met keukenpapier. Voeg als de olie heet is de stukjes tonijn toe zonder de pan te verdringen. Kook tot de stukjes aan de buitenkant lichtbruin zijn, ongeveer 6 minuten. Leg de tonijn op een bord. Bestrooi met zout en peper.

2. Voeg de paprika toe aan de pan en kook, af en toe roerend, tot net bruin begint te worden, ongeveer 10 minuten. Voeg tomaat, knoflook, basilicum, zout en peper toe. Breng aan de kook. Voeg bonen toe, dek af en zet het vuur laag. Kook gedurende 10 minuten.

3. Voeg tonijn toe en kook tot de tonijn in het midden lichtroze is, nog ongeveer 2 minuten, of tot hij naar smaak gaar is. Test op gaarheid door een klein sneetje te maken in het dikste deel van de vis. Heet opdienen.

Siciliaanse zwaardvis met ui

Fish spada a sfinciuni

Maakt 4 porties

Siciliaanse koks maken een heerlijke pizza genaamd sfinciuni, een woord afgeleid van het Arabisch dat 'licht' of 'luchtig' betekent. De pizza heeft een dikke maar lichte korst en is belegd met uien, ansjovis en tomatensaus. Dit traditionele recept voor zwaardvis is afgeleid van die pizza.

3 eetlepels olijfolie

1 middelgrote ui, dun gesneden

4 ansjovisfilets, in stukjes gesneden

1 kop gepelde, gezaaide en in blokjes gesneden verse tomaten, of tomaten in blik, uitgelekt en in blokjes gesneden

Een snufje gedroogde oregano, verkruimeld

Zout en versgemalen zwarte peper naar smaak

4 zwaardvisfilets, ongeveer 3/4-inch dik

2 eetlepels gewoon droog paneermeel

1. Giet 2 eetlepels olie in een middelgrote koekenpan. Voeg de ui toe en kook tot ze zacht zijn, ongeveer 5 minuten. Voeg ansjovis toe en kook nog 5 minuten of tot ze zacht zijn. Voeg de tomaten, oregano, zout en peper toe en laat 10 minuten sudderen.

2. Plaats een rek in het midden van de oven. Verwarm de oven voor op 350 ° F. Vet een bakvorm in die groot genoeg is om de vis in een enkele laag te houden.

3. Droog de zwaardvisfilets. Leg ze in de voorbereide schaal. Bestrooi met zout en peper. Lepel de saus erover. Meng het paneermeel met de resterende eetlepel olie. Verdeel de kruimels over de saus.

4. Bak gedurende 10 minuten of tot de vis in het midden een beetje roze is. Test op gaarheid door een klein sneetje te maken in het dikste deel van de vis. Heet opdienen.

Zwaardvis met artisjokken en uien

Vis Spada met Carciofi

Maakt 4 porties

Artisjokken zijn een favoriete Siciliaanse groente. Ze gedijen goed in de hete, droge omstandigheden van Sicilië en mensen kweken ze in hun eigen tuin als sierplant. De Siciliaanse variëteit wordt niet zo groot als de reuzen die ik hier soms op de markten zie, en ze zijn veel malser.

2 middelgrote artisjokken

2 eetlepels olijfolie

4 dikke zwaardvis-, tonijn- of haaienfilets

Zout en versgemalen zwarte peper

2 middelgrote uien

4 ansjovisfilets, in stukjes gesneden

¼ kopje tomatenpuree

1 kopje water

½ theelepel gedroogde oregano

1. Trim artisjokken tot aan de centrale kegel van lichtgroene bladeren. Schil met een klein keukenmes de onderkant en steeltjes van de artisjokken. Knip de uiteinden van de stengel af. Snijd de artisjokken in de lengte doormidden. Haal de smoorspoelen eruit. Snijd de hartjes in dunne plakjes.

2. Verhit olie in een grote koekenpan op middelhoog vuur. Dep de zwaardvis droog en bak tot ze aan beide kanten bruin is, ongeveer 5 minuten. Bestrooi met zout en peper. Leg de vis op een bord.

3. Voeg de uien en artisjokken toe aan de koekenpan. Kook op middelhoog vuur, onder regelmatig roeren, tot de uien zacht worden, ongeveer 5 minuten. Voeg de ansjovis, tomatenpuree, water, oregano en zout en peper naar smaak toe. Breng aan de kook en zet het vuur laag. Kook 20 minuten of tot de groenten zacht zijn, af en toe roeren.

4. Duw de groenten naar de buitenrand van de pan en doe de vis terug in de pan. Baad de vis met de saus. Laat 1 tot 2 minuten koken of tot de vis is opgewarmd. Serveer onmiddellijk.

Zwaardvis, Messina-stijl

Fish Spada Messinese

Maakt 4 porties

Uitstekende zwaardvis wordt gevangen in de wateren van Sicilië, en de Sicilianen hebben ontelbare manieren om het te bereiden. De vis wordt rauw gegeten, flinterdun gesneden in een soort carpaccio, of vermalen tot worstjes die in tomatensaus worden gekookt. Zwaardvisblokjes worden gemengd met pasta, gegrild als vlees of gegrild op de barbecue. Dit is een klassiek recept uit Messina, aan de oostkust van Sicilië.

1 pond kokende aardappelen

2 eetlepels olijfolie

1 grote ui, gesnipperd

1/2 kop ontpitte zwarte olijven, grof gehakt

2 eetlepels kappertjes, afgespoeld en uitgelekt

2 kopjes gepelde, ontpitte en in blokjes gesneden tomaten, of ingeblikte tomaten, uitgelekt en in blokjes gesneden

Zout en versgemalen zwarte peper

2 eetlepels gehakte platte bladpeterselie

4 zwaardvisfilets, 1 inch dik

1. Boen de aardappelen schoon en doe ze in een pan met koud water zodat ze onder staan. Breng het water aan de kook en kook tot de aardappelen gaar zijn, ongeveer 20 minuten. Giet af, laat iets afkoelen en schil de aardappelen. Snijd ze in dunne plakjes.

2. Giet de olie in een grote pan. Voeg de ui toe en kook, vaak roerend, op middelhoog vuur tot ze zacht zijn, ongeveer 10 minuten. Voeg de olijven, kappertjes en tomaten toe. Breng op smaak met zout en peper. Kook tot een beetje ingedikt, ongeveer 15 minuten. Voeg de peterselie toe.

3. Plaats een rek in het midden van de oven. Verwarm de oven voor op 425 ° F. Giet de helft van de saus in een bakvorm die groot genoeg is om de vis in een enkele laag te houden. Leg de zwaardvis in de pan en bestrooi met zout en peper. Schik de aardappelen erop, overlappend met de plakjes. Giet de resterende saus over alles.

4.Bak gedurende 10 minuten of tot de vis in het midden lichtroze is en de saus borrelt. Heet opdienen.

zwaardvis rolletjes

Rollatini van Pesce Spada

Maakt 6 porties

Net als kalfs- of kipkoteletten zijn zeer dunne plakjes vlezige zwaardvis goed om een vulling te wikkelen en op de grill of in de oven te bereiden. Varieer met de vulling door rozijnen, gehakte olijven of pijnboompitten toe te voegen.

1 1/2 pond zwaardvis, heel dun gesneden

3/4 kopje droge broodkruimels

2 eetlepels kappertjes, afgespoeld, gehakt en uitgelekt

2 eetlepels gehakte verse bladpeterselie

1 grote teen knoflook, fijngehakt

Zout en versgemalen zwarte peper

1/4 kopje olijfolie

2 eetlepels vers citroensap

1 citroen, in partjes gesneden

1. Plaats een barbecue-grill of braadrek ongeveer 5 centimeter van de warmtebron. Verwarm de grill of barbecue voor.

2. Verwijder het vel van de zwaardvis. Leg de plakjes tussen twee vellen plasticfolie. Klop de plakjes tot ze een gelijkmatige dikte van 1/4 inch hebben. Snijd de vis in stukjes van 3 x 2 inch.

3. Meng in een middelgrote kom de paneermeel, kappertjes, peterselie, knoflook en peper en zout naar smaak. Voeg 3 eetlepels olie toe en meng tot de kruimels gelijkmatig bevochtigd zijn.

4. Leg een eetlepel van het kruimelmengsel op een uiteinde van een stuk vis. Rol de vis op en sluit af met een tandenstoker. Leg de rolletjes op een bord.

5. Klop het citroensap en de resterende olie erdoor. Borstel het mengsel over de rolletjes. Bestrooi de vis met het resterende paneermeelmengsel en klop het zodat het blijft plakken.

6. Grill de broodjes 3 tot 4 minuten aan elke kant, of tot ze goudbruin zijn en de broodjes stevig aanvoelen als ze worden

ingedrukt en een beetje roze zijn in het midden. Ze moeten een beetje raar zijn. Test op gaarheid door een klein sneetje te maken in het dikste deel van de vis. Serveer warm met partjes citroen.

Geroosterde tarbot met groenten

Rombo al Forno met groenten

Maakt 4 porties

Calabrië heeft een lange kustlijn langs de Middellandse Zee. In de zomer is deze regio populair bij Italianen en andere Europeanen die op zoek zijn naar een goedkope strandvakantie. Eens reden mijn man en ik langs de kust bij Scalea en aten we in een plaatselijk restaurant met een grote houtoven. Toen we aankwamen, bracht de kok grote pannen met groenten tevoorschijn, geroosterd in olijfolie en gegarneerd met verse witte vis. De groenten bruinen en doordrenkten de vis met hun heerlijke smaak. Thuis gebruik ik tarbot als ik die kan vinden, maar andere witvisfilets zouden ook kunnen.

1 rode paprika, in stukjes van 1 cm gesneden

1 middelgrote courgette, in stukjes van 1 inch gesneden

1 middelgrote aubergine, in stukjes van 1 inch gesneden

4 medium kokende aardappelen, in stukjes van 1 inch gesneden

1 middelgrote ui, in stukjes van 1 inch gesneden

1 laurierblad

1/4 kopje plus 1 eetlepel olijfolie

Zout en versgemalen zwarte peper

4 dikke filets van tarbot, heilbot of andere witte vis

1 eetlepel citroensap

2 eetlepels gehakte verse bladpeterselie

1. Plaats een rek in het midden van de oven. Verwarm de oven voor op 425 ° F. Kies een bakplaat die groot genoeg is om de vis en groenten in een enkele laag te houden, of gebruik twee kleinere platen. Combineer paprika, courgette, aubergine, aardappelen, ui en laurier in een koekenpan. Besprenkel met 1/4 kopje olijfolie en peper en zout naar smaak. Goed mengen.

2. Bak de groenten 40 minuten of tot ze lichtbruin en zacht zijn.

3. Leg de visfilets op een bord en besprenkel met de resterende eetlepel olie, citroensap, peterselie en zout en peper naar smaak. Duw de groenten naar de buitenrand van de pan en voeg de vis toe. Bak nog eens 8 tot 10 minuten, afhankelijk

van de dikte van de vis, tot hij net ondoorzichtig is als hij in het dikste deel wordt gesneden. Heet opdienen.

Gegrilde zeebaars met knoflookgroenten

Branzino alle groen

Maakt 4 porties

Rozijnen en groenten met knoflooksmaak zoals snijbiet, spinazie en andijvie zijn een favoriete combinatie van Rome tot Zuid-Italië. Dit recept is geïnspireerd op een gerecht van mijn vriend, chef-kok Mauro Mafric, die de groenten serveert met krokant gebakken visfilets en gebakken aardappelen.

1 bos andijvie (ongeveer 1 pond)

3 eetlepels olijfolie

3 teentjes knoflook, dun gesneden

Een snufje gemalen rode peper

1/4 kopje rozijnen

Zout

11/4 pond zonder vel Chileense zeebaars, kabeljauw of andere stevige filet, ongeveer 3,5 cm dik

1. Scheid de blaadjes en was de andijvie in meerdere keren koud water, let vooral op de witte hoofdnerf waar de aarde zich ophoopt. Stapel de bladeren op elkaar en snij kruislings in reepjes van 1 inch.

2. Giet 2 eetlepels olijfolie in een grote pan. Voeg de knoflook en rode peper toe. Kook op middelhoog vuur tot de knoflook goudbruin is, ongeveer 2 minuten.

3. Voeg de andijvie, rozijnen en een snufje zout toe. Dek de pan af en kook, af en toe roerend, tot andijvie zacht is, ongeveer 10 minuten. Proef en pas de smaak aan.

4. Spoel de vis af en droog hem af. Bestrooi de stukken met zout en peper. Verhit in een middelgrote koekenpan met anti-aanbaklaag de resterende eetlepel olie op middelhoog vuur. Voeg de stukjes vis met de huid naar boven toe toe. Kook tot de vis goudbruin is, 4 tot 5 minuten. Bedek de koekenpan en kook nog 2 tot 3 minuten, of tot de vis in het midden net ondoorzichtig is. Test op gaarheid door een klein sneetje te maken in het dikste deel van de vis. Het is niet nodig om de vis om te draaien.

5. Schep de escarole met een schuimspaan over op 4 serveerschalen. Leg de vis erop met de gebruinde kant naar boven. Heet opdienen.

Scrod Met Pittige Tomatensaus

Heek in Pomodorosaus

Maakt 4 porties

We aten deze vis bij enkele Napolitaanse vrienden thuis, vergezeld van Falanghina, een heerlijke witte wijn uit de streek. Couscous past goed bij vis.

2 eetlepels olijfolie

1 middelgrote ui, dun gesneden

Een snufje gemalen rode peper

2 kopjes ingeblikte tomaten met hun sap, gehakt

Een snufje gedroogde oregano, verkruimeld

Zout

1 1/4 pond lenden- of tandbaarsfilets, in porties gesneden

1/2 theelepel citroenschil

1. Giet de olie in een middelgrote koekenpan. Voeg de ui en rode paprika toe. Kook, onder regelmatig roeren, op middelhoog vuur, tot de ui zacht en goudbruin is, ongeveer 10 minuten. Voeg de tomaten, oregano en zout toe en laat sudderen tot de saus dikker wordt, ongeveer 15 minuten.

2. Spoel de vis af, droog hem af en bestrooi hem met zout. Voeg de vis toe aan de pan en bedek met de saus. Dek af en kook gedurende 8 tot 10 minuten, afhankelijk van de dikte van de vis, tot hij net ondoorzichtig is als hij in het dikste deel wordt gesneden.

3. Leg de vis met een schuimspaan op een serveerschaal. Als de vis veel vocht heeft afgegeven, verhoog dan het vuur onder de koekenpan en kook, onder regelmatig roeren, tot de saus dikker wordt.

4. Haal de saus van het vuur en voeg de citroenrasp toe. Giet de saus over de vis en serveer direct.

Carpaccio van zalm

Carpaccio van zalm

Maakt 4 porties

Typisch verwijst carpaccio naar flinterdunne plakjes rauw rundvlees geserveerd met een romige roze saus. Vermoedelijk is het recept ongeveer honderd jaar geleden gemaakt door een Venetiaanse restaurateur die een favoriete klant wilde verwennen wiens dokter haar had geadviseerd geen gekookt voedsel te eten. De restaurateur noemde het bord naar Vittore Carpaccio, een schilder wiens werk destijds te zien was.

Tegenwoordig wordt de term carpaccio toegepast op dun gesneden voedsel, zowel rauw als gekookt. Deze dunne zalmkoteletten zijn aan één kant gaar, zodat ze vochtig blijven en hun vorm behouden.

4 kopjes waterkers

3 eetlepels extra vergine olijfolie

1 eetlepel vers citroensap

1/2 theelepel citroenschil

Zout en versgemalen zwarte peper

1 pond zalmfilet, in koteletdunne plakjes gesneden

1 groene ui, fijngehakt

1. Spoel de tuinkers in meerdere wisselingen van koud water. Verwijder de harde stelen en droog de bladeren goed af. Snijd in hapklare stukjes en doe in een kom.

2. Meng in een kom 2 eetlepels olie, citroensap, schil en zout en peper naar smaak.

3. Verhit 1 eetlepel olie in een grote koekenpan met anti-aanbaklaag op hoog vuur. Voeg voldoende vis toe om in een enkele laag te passen. Kook tot ze licht goudbruin zijn aan de onderkant, maar nog steeds zeldzaam aan de bovenkant, ongeveer 1 minuut. Haal de zalm met een grote spatel uit de pan en leg de gebruinde kant naar boven op een grote serveerschaal. Bestrooi met zout en peper naar smaak en de helft van de bosui. Kook de resterende zalm op dezelfde manier en voeg deze toe aan het gerecht. Garneer met de overgebleven ui.

4.Meng de waterkers met de dressing. Stapel de salade bovenop de zalm. Serveer onmiddellijk.

Zalmfilets met jeneverbessen en rode uien

Zalm in Ginpro

Maakt 4 porties

Jeneverbessen zijn het typische aroma van gin en worden vaak gebruikt om stoofschotels met wild op smaak te brengen. Je kunt ze vinden op veel markten die gastronomische kruiden verkopen. In dit zalmgerecht, dat ik voor het eerst at in Venetië, worden zoete rode uien en jeneverbes gekookt tot de uien zacht zijn en een saus voor de zalm worden.

3 eetlepels olijfolie

4 zalmfilets, ongeveer 3/4-inch dik

Zout en versgemalen zwarte peper

2 middelgrote rode uien, dun gesneden

1/2 theelepel jeneverbessen

1/2 kop droge witte wijn

1. Verhit olie in een middelgrote koekenpan op middelhoog vuur. Droog de zalmfilets en leg ze in de pan. Kook tot ze bruin zijn, ongeveer 3 minuten. Draai de zalmfilets om en schroei aan de andere kant nog ongeveer 2 minuten. Verwijder de filets met een spatel op een bord. Bestrooi met zout en peper.

2. Voeg de uien, jeneverbessen en zout naar smaak toe aan de pan. Voeg de wijn toe en breng aan de kook. Zet het vuur lager en dek de pan af. Kook 20 minuten of tot de uien zacht zijn.

3. Doe de zalmfilets terug in de pan en schep de uien over de vis. Zet het vuur op medium. Dek af en kook nog eens 2 minuten of tot de vis net ondoorzichtig is als hij in het dikste deel wordt gesneden. Serveer onmiddellijk.

Zalm Met Lente Groenten

lente zalm

Maakt 4 porties

Zalm is geen mediterrane vis, maar de laatste jaren wordt er veel vanuit Noord-Europa naar Italië geïmporteerd en is het erg populair geworden in Italiaanse keukens. Dit recept voor geroosterde zalm met lentegroenten was een speciaal gerecht in een restaurant in Milaan.

Varieer met de groenten, maar zorg ervoor dat je een zeer grote koekenpan gebruikt, zodat ze in een ondiepe laag kunnen worden uitgespreid. Als ze te vol zijn, worden de groenten klef in plaats van bruin. Ik gebruik een jello-pan van 15 × 10 × 1 inch. Als je er geen hebt die groot genoeg is, verdeel de ingrediënten dan over twee kleinere schaaltjes.

4 middelgrote rode of witte vastkokende aardappelen

1 kopje geschilde en gehakte babywortelen

8 hele sjalotten of 2 kleine uien, gepeld

3 eetlepels olijfolie

Zout en versgemalen zwarte peper

8 ons asperges, in stukjes van 2 inch gesneden

4 zalmfilets

2 eetlepels gehakte verse kruiden, zoals bieslook, dille, peterselie, basilicum of een combinatie

1. Plaats een rek in het midden van de oven. Verwarm de oven voor op 425 ° F. Snijd de aardappelen in dikke plakken en droog ze af. Combineer de aardappelen, wortelen en sjalotten of uien in een grote braadpan. Voeg de olie toe en zout en peper naar smaak. Goed mengen. Verdeel de groenten in de pan en bak 20 minuten.

2. Roer de groenten en voeg de asperges toe. Bak nog 10 minuten of tot de groenten lichtbruin zijn.

3. Bestrooi de zalm met zout en peper. Duw de groenten naar de zijkanten van de pan. Voeg de zalmfilets toe. Bak nog 7 minuten of tot de zalm net ondoorzichtig en nog vochtig is als hij in het dikste deel wordt gesneden. Bestrooi met de kruiden en serveer direct.

Visfilets in Groene Saus

Vis in Groene Saus

Maakt 4 porties

Ik bracht een jaar oud en nieuw door in Venetië met vrienden, en voordat we naar de middernachtdiensten in de St. Mark's Cathedral gingen, aten we in een kleine trattoria in de buurt van de Rialtobrug. We aten gegrilde garnalen, risotto met inktvis en dit gerecht van visfilets gebakken in een saus van peterselie en witte wijn met erwten. Na het eten liepen we door de straten, die gevuld waren met goedaardige feestvierders, velen in fantastische kostuums.

1/2 kopje bloem voor alle doeleinden

Zout en versgemalen zwarte peper

4 heilbot, tilefish of andere witte visfilets, ongeveer 2,5 cm dik

4 eetlepels olijfolie

4 groene uien, fijngehakt

3/4 kopje droge witte wijn

¼ kop gehakte verse bladpeterselie

1 kopje bevroren of verse babyerwten

1. Meng op een stuk vetvrij papier de bloem en zout en peper naar smaak. Spoel de vis af en dep droog, en besprenkel elke steak met het bloemmengsel zodat beide kanten licht bedekt zijn. Schud het teveel eraf.

2. Verhit in een grote koekenpan 2 eetlepels olie op middelhoog vuur. Voeg vis toe en schroei aan één kant, ongeveer 3 minuten. Draai de vis om en bruin de andere kant, ongeveer 2 minuten. Leg de steaks met een metalen spatel met sleuven op een bord. Maak de pan schoon.

3. Giet de resterende 2 eetlepels olie in de koekenpan. Voeg de uien toe. Kook op middelhoog vuur tot ze goudbruin zijn, ongeveer 10 minuten. Voeg de wijn toe en breng aan de kook. Kook tot het grootste deel van de vloeistof is verdampt, ongeveer 1 minuut. Voeg de peterselie toe.

4. Doe de vis terug in de koekenpan en bedruip met saus. Verdeel de erwten over de vis. Verminder hitte tot een minimum. Dek af en kook 5 tot 7 minuten of tot de vis net

ondoorzichtig is wanneer hij in het dikste deel wordt gesneden. Serveer onmiddellijk.

Gebakken heilbot in papier

Vis in Cartoccio

Maakt 4 porties

Vis gebakken in een pakje bakpapier is een spectaculair gerecht dat eigenlijk vrij eenvoudig te maken is. Het papier behoudt alle smaak van de vis en kruiden en heeft als bijkomend voordeel dat het bespaart op opruimen. Aluminiumfolie kan worden vervangen door perkament, maar het is niet zo aantrekkelijk.

2 middelgrote tomaten, ontpit en in stukjes gesneden

2 groene uien, fijngehakt

1/4 theelepel gedroogde marjolein of tijm

2 eetlepels vers citroensap

2 eetlepels olijfolie

Zout en versgemalen zwarte peper

4 (6-ounce) heilbot, zalm of andere visfilets, ongeveer 2,5 cm dik

1. Plaats een rek in het midden van de oven. Verwarm de oven voor op 400°F. Meng in een middelgrote kom alle ingrediënten behalve de vis.

2. Snijd 4 vellen perkamentpapier in vierkanten van 12 inch. Vouw elk vel dubbel. Vouw het papier open en bestrijk de binnenkant met olie. Leg een visfilet aan een kant van de vouw. Giet het tomatenmengsel over de vis.

3. Vouw het papier over de vis. Verzegel elk pakket door kleine vouwen van het ene uiteinde naar het andere langs de randen te maken en stevig te vouwen. Schuif de pakketjes voorzichtig op 2 bakplaten.

4. Bak 12 minuten. Om te controleren of het gaar is, snijd je een pakje open en snijd je de vis in het dikste deel. Het moet gewoon ondoorzichtig zijn.

5. Schuif pakketten op serveerschalen en laat de gasten de hunne openen. Heet opdienen.

Gebakken Vis Met Olijven En Aardappelen

Vis in de oven

Maakt 4 porties

Marjolein is een kruid dat veel wordt gebruikt in Ligurië, hoewel het niet zo bekend is in de Verenigde Staten. Het smaakt vergelijkbaar met oregano, hoewel het veel minder assertief is dan gedroogde oregano. Tijm is een goede vervanger.

Kook de aardappelen van tevoren zodat ze de kans krijgen om bruin te worden en door te koken. Voeg vervolgens de vis toe zodat alles in perfecte harmonie bakt. Een groene salade is alles wat je nodig hebt om door te gaan.

2 pond gekookte aardappelen, geschild en in dunne plakjes gesneden

6 eetlepels olijfolie

Zout en versgemalen zwarte peper naar smaak

2 eetlepels gehakte verse bladpeterselie

1/2 theelepel gedroogde marjolein of tijm

2 eetlepels vers citroensap

1/2 theelepel vers geraspte citroenschil

2 hele vissen, zoals rode snapper of zeebaars (ongeveer 2 pond per stuk), schoongemaakt met kop en staart intact

1/2 kopje milde zwarte olijven, zoals Gaeta

1. Plaats een rek in het midden van de oven. Verwarm de oven voor op 450°F. Meng in een grote kom de aardappelen met 3 eetlepels olie en zout en peper naar smaak. Spreid de aardappelen uit in een grote ondiepe braadpan. Bak de aardappelen 25 tot 30 minuten, of tot ze net bruin beginnen te worden.

2. Meng de resterende 3 eetlepels olie, peterselie, marjolein, citroensap, schil en zout en peper naar smaak. Schep de helft van het mengsel in de holte van de vis en wrijf de rest in de huid.

3. Draai de aardappelen met een grote spatel om en verdeel de olijven erover. Spoel de vis goed af en droog hem af. Leg de vis op de aardappelen. Bak 8 tot 10 minuten per inch dikte op het breedste punt van de vis, of tot het vlees ondoorzichtig is

wanneer het wordt gesneden met een klein, scherp mes dicht bij het bot en de aardappelen zacht zijn.

4. Leg de vis op een warme serveerschaal. Omring de vis met de aardappelen en olijven. Serveer onmiddellijk.

Citrus rode snapper

Vis de Agrumi

Maakt 4 porties

Het maakt niet uit wat voor weer het buiten is, je zult het gevoel hebben dat het een heerlijke zonnige dag is wanneer je deze Citrus Gegrilde Vis serveert. Het recept is gebaseerd op een recept dat ik in Positano heb geprobeerd. Een frisse, knisperende wijn als pinot grigio is de perfecte begeleider.

1 middelgrote sinaasappel

1 middelgrote citroen

2 hele vissen, zoals rode snapper of zeebaars (ongeveer 2 pond per stuk), schoongemaakt met kop en staart intact

2 theelepels gehakte verse tijmblaadjes

2 eetlepels olijfolie

Zout en versgemalen zwarte peper

1/2 kop droge witte wijn

1 sinaasappel en 1 citroen, in plakjes, om te versieren

1. Verwijder met een dunschiller de helft van de schil van de sinaasappel- en citroenschil. Stapel de stukken op elkaar en snijd ze in smalle reepjes. Pers de vruchten uit om het sap te extraheren.

2. Plaats een rek in het midden van de oven. Verwarm de oven voor op 400°F. Vet een bakvorm in die groot genoeg is om de vis in een enkele laag te houden.

3. Spoel de vis goed af en droog hem af. Leg de vis in de pan en vul de holte met de tijm en de helft van de schil. Besprenkel van binnen en van buiten met de olie en zout en peper naar smaak. Giet de wijn, het sap en de resterende schil over de vis.

4. Bak, bedruip een of twee keer met pannensap, 8 tot 10 minuten per inch dikte op het breedste punt van de vis, of tot het vlees ondoorzichtig is wanneer het wordt gesneden met een klein, scherp mes dicht bij het bot. Serveer warm, gegarneerd met sinaasappel- en citroenschijfjes.

vis in zoutkorst

vis te koop

Maakt 2 porties

In zout gebakken vis en schaaldieren is een traditioneel gerecht in Ligurië en aan de Toscaanse kust. Gemengd met eiwit vormt het zout een dikke, harde korst zodat de vis binnenin in zijn eigen sappen kookt. In Baia Beniamin, een prachtig restaurant direct aan het water in Ventimiglia, vlakbij de Franse grens, zag ik hoe de ober behendig de zoutkorst kraakte met de achterkant van een zware lepel en hem optilde, waardoor de schil en het zout in een flits verwijderd werden. alleen. Binnen was de vis tot in de perfectie bereid.

6 kopjes koosjer zout

4 grote eiwitten

1 hele vis zoals rode snapper of zeebaars (ongeveer 2 pond per stuk), schoongemaakt met kop en staart intact

1 eetlepel gehakte verse rozemarijn

2 teentjes knoflook, fijngehakt

1 citroen, in partjes gesneden

extra vergine olijfolie

1. Plaats een rek in het midden van de oven. Verwarm de oven voor op 500°F. Klop in een grote kom het zout en de eiwitten door elkaar tot het zout gelijkmatig is bevochtigd.

2. Vet een bakplaat in die groot genoeg is voor de vis. Leg de vis op de bakplaat. Vul de holte met de rozemarijn en knoflook.

3. Strooi het zout gelijkmatig over de vis en bedek hem volledig. Klop het zout stevig zodat het vast blijft zitten.

4. Bak de vis 30 minuten of tot het zout aan de randen lichtbruin begint te worden. Om te testen of het gaar is, steekt u een direct afleesbare thermometer door het zout in het dikste deel van de vis. De vis is klaar als de temperatuur 130°F bereikt.

5. Om te serveren, breek je de zoutkorst los met een grote lepel. Verwijder zout en huid van vis en gooi weg. Haal het vlees voorzichtig van de botten. Serveer warm met de partjes citroen en een scheutje extra vierge olijfolie.

Geroosterde Vis In Witte Wijn En Citroen

Vis in Witte Wijn

Maakt 4 porties

Dit is een eenvoudige manier om middelgrote tot kleine hele vissen te bereiden. Ik probeerde dit in Ligurië, waar ik het vergezelde met artisjokken en aardappelpuree.

2 hele vissen, zoals rode snapper of zeebaars (ongeveer 2 pond per stuk), schoongemaakt met kop en staart intact

1 eetlepel gehakte verse rozemarijn

Zout en versgemalen zwarte peper

1 citroen, dun gesneden

2 eetlepels gehakte verse bladpeterselie

1 kopje droge witte wijn

1/4 kopje extra vierge olijfolie

1 eetlepel witte wijnazijn

1. Plaats een rek in het midden van de oven. Verwarm de oven voor op 400°F. Vet een koekenpan in die groot genoeg is om de vis naast elkaar te houden.

2. Spoel de vis af en droog hem van binnen en van buiten. Bestrooi de binnenkant van de vis met de rozemarijn en zout en peper naar smaak. Stop enkele schijfjes citroen in de holte. Leg de vis in de pan. Strooi de peterselie over de vis en leg de overige partjes citroen erop. Besprenkel met de wijn, olie en azijn.

3. Bak vis 8 tot 10 minuten per inch dikte op het breedste punt, of tot het vlees ondoorzichtig is wanneer het wordt gesneden met een klein, scherp mes dicht bij het bot. Heet opdienen.

Forel Met Prosciutto En Salie

Draf naar prosciutto en salie

Maakt 4 porties

Wilde forel is erg lekker, hoewel hij zelden op vismarkten wordt gevonden. Op de boerderij gekweekte forel is veel minder interessant, maar de prosciutto en salie versterken de smaak. Ik had op deze manier forel bereid in Friuli-Venezia Giulia, waar het werd gemaakt met de lokale prosciutto uit de stad San Daniele.

4 kleine hele forellen, schoongemaakt, elk ongeveer 12 ons

4 eetlepels olijfolie

2 tot 3 eetlepels vers citroensap

6 verse salieblaadjes, fijngehakt

Zout en versgemalen zwarte peper

8 zeer dunne plakjes geïmporteerde Italiaanse prosciutto

1 citroen, in partjes gesneden

1. Vet een bakvorm in die groot genoeg is om de vis in een enkele laag te houden.

2. Meng in een kleine kom de olie, het citroensap, de salie en zout en peper naar smaak. Bestrooi de vis van binnen en van buiten met het mengsel. Marineer de vis 1 uur in de koelkast.

3. Plaats het ovenrooster in het midden van de oven. Verwarm de oven voor op 375 ° F. Leg in elke vis een plakje prosciutto en leg er nog een plakje bovenop. Bak gedurende 20 minuten of tot de vis net ondoorzichtig is als hij met een klein, scherp mes dicht bij het bot wordt gesneden. Serveer warm met partjes citroen.

Gebakken sardines met rozemarijn

sardientjes met rosamarina

Maakt 4 porties

Sardines, spiering en ansjovis behoren tot de familie van donkervlezige vissen die in Italië bekend staan als pesce azzurro. Andere leden van deze familie zijn makreel en natuurlijk vette vis. De rozemarijn vult ze heel goed aan in dit Toscaanse recept.

1½ pond verse sardines, spiering of ansjovis, schoongemaakt (zie opmerking hieronder)

Zout en versgemalen zwarte peper

1 eetlepel gehakte verse rozemarijn

1/4 kopje olijfolie

1/4 kopje fijn droog paneermeel

1 citroen, in partjes gesneden

1. Plaats het rek in het midden van de oven. Verwarm de oven voor op 400°F. Vet een ovenschaal in die groot genoeg is om de sardines in een enkele laag te houden.

2. Schik de sardines op het bord en bestrooi ze van binnen en van buiten met zout, peper en rozemarijn. Besprenkel met de olie en bestrooi met paneermeel.

3. Bak gedurende 15 minuten of tot de vis gaar is. Serveer met partjes citroen.

> **Opmerking:** Om de sardines schoon te maken: Gebruik een groot, zwaar koksmes of een keukenschaar om de koppen af te snijden. Snijd de vis langs de buik en verwijder de ingewanden. Trek de ruggengraat uit. Snijd de vinnen. Spoel en laat uitlekken.

Sardines Venetiaanse stijl

Sardijns in Saor

Maakt 4 porties

Rozijnen en azijn geven de vis in deze Venetiaanse klassieker een heerlijke zoetzure smaak. Zorg ervoor dat je dit recept minstens een dag voordat je het gaat serveren maakt, zodat de smaken gelijkmatig kunnen worden verdeeld. Kleine porties zijn heerlijk als voorgerecht. U kunt de sardientjes vervangen door hele forel of makreel, of de tongfilets eens proberen. In Venetië wordt sarde in saor meestal geserveerd met geroosterd witPolenta.

8 eetlepels olijfolie

3 uien (ongeveer 1 pond), gesneden 1/2-inch dik

1 kopje droge witte wijn

1 kopje witte wijnazijn

2 eetlepels pijnboompitten

2 eetlepels rozijnen

2 pond sardines, schoon

1. Giet 4 eetlepels olie in een grote, zware koekenpan. Voeg de uien toe en kook op middelhoog vuur tot ze zacht zijn, ongeveer 20 minuten. Roer regelmatig en let goed op dat de uien niet bruin worden. Voeg eventueel een eetlepel of twee water toe om te voorkomen dat de uien verkleuren.

2. Voeg 1/2 kopje wijn, 1/2 kopje azijn, de rozijnen en pijnboompitten toe. Breng aan de kook en kook 1 minuut. Ga uit het vuur.

3. Verhit in een andere koekenpan de resterende 4 eetlepels olie op middelhoog vuur. Voeg de sardines toe en kook tot ze in het midden ondoorzichtig zijn, ongeveer 2 tot 3 minuten per kant. Schik de sardines in een enkele laag op een groot bord. Giet de rest van de wijn en azijn erbij.

4. Verdeel het uienmengsel over de vis. Dek af en zet 1 tot 2 dagen in de koelkast om de smaken te laten intrekken. Serveer op koele kamertemperatuur.

Siciliaanse Gevulde Sardines

Sarde Beccafico

Maakt 4 porties

Dr. Joseph Maniscalco, een oude vriend van de familie die uit Sciacca op Sicilië kwam, leerde me hoe ik dit typisch Siciliaanse recept moest maken. De Italiaanse naam betekent sardines in spechtstijl, een sappig vogeltje dat graag rijpe vijgen eet.

1 kopje gewone droge broodkruimels

Ongeveer 1/4 kopje olijfolie

4 ansjovisfilets, uitgelekt en in stukjes gesneden

2 eetlepels gehakte verse bladpeterselie

2 eetlepels pijnboompitten

2 eetlepels rozijnen

Zout en versgemalen zwarte peper

2 pond verse sardines, schoongemaakt

laurierblaadjes

Schijfjes citroen

1. Plaats een rek in het midden van de oven. Verwarm de oven voor op 375 ° F. Vet een kleine ovenschaal in.

2. Rooster in een grote koekenpan de broodkruimels op middelhoog vuur, onder voortdurend roeren, tot ze goudbruin zijn. Haal van het vuur en voeg voldoende olie toe om ze te bevochtigen. Voeg de ansjovis, peterselie, pijnboompitten, rozijnen en zout en peper naar smaak toe. Goed mengen.

3. Sla de sardines open zoals een boek en leg ze met de huid naar beneden op een vlakke ondergrond. Schep wat van het paneermeelmengsel op de kop van elke sardine. Rol de sardines op, omsluit de vulling en leg ze naast elkaar in de pan, scheid ze met een laurierblad. Strooi de resterende kruimels erover en besprenkel met de resterende olie.

4. Bak gedurende 20 minuten of tot de broodjes gaar zijn. Serveer warm of op kamertemperatuur met partjes citroen.

gegrilde sardientjes

Sarde alla Griglia

Maakt 4 porties

Kleine, smaakvolle vissen zoals sardines, spiering en ansjovis zijn onweerstaanbaar als ze op de grill worden gekookt. Tijdens een barbecuediner in een wijnmakerij in Abruzzo, kwamen gasten aan om rijen en rijen kleine vissen te vinden die boven een houtskoolvuur kookten. Hoewel het er te veel leken te zijn, verdwenen ze al snel, weggespoeld met glazen gekoelde Trebbiano witte wijn.

Een mandrek ondersteunt en draait de minnows goed tijdens het koken. Als je het geluk hebt om je eigen citroen- of sinaasappelbomen te laten groeien en ze zijn niet behandeld met chemicaliën, gebruik dan wat van de bladeren om je serveerschaal te garneren. Anders zijn radicchioblaadjes of stevige sla voldoende.

12 tot 16 verse sardines of spieringen, schoongemaakt

2 eetlepels olijfolie

Zout en versgemalen zwarte peper

Onbehandelde citroen- of cichoreiblaadjes

2 citroenen, in partjes gesneden

1. Plaats een barbecue-grill of braadrek ongeveer 5 centimeter van de warmtebron. Verwarm een grill of barbecue voor.

2. Droog de sardines en bestrijk ze met de olie. Licht bestrooien met zout en peper. Grill of rooster de vis tot hij goed bruin is, ongeveer 3 minuten. Draai de vis voorzichtig om en bak tot hij aan de andere kant bruin is, nog ongeveer 2 tot 3 minuten.

3. Leg de blaadjes op een bord. Garneer met de sardines en garneer met de partjes citroen. Heet opdienen.

gebakken kabeljauw

Baccala Fritta

Maakt 4 porties

Dit is een basisrecept voor het koken van baccala. Het kan alleen worden geserveerd of bedekt met tomatensaus. Sommige koks houden ervan om de saus in een koekenpan op te warmen en dan de gebakken vis toe te voegen en deze kort samen te laten sudderen.

Ongeveer 1 kopje bloem voor alle doeleinden

Zout en versgemalen zwarte peper

1 pond geweekte baccala of kabeljauw, in porties gesneden

Olijfolie

Schijfjes citroen

1. Strooi de bloem en zout en peper naar smaak op een stuk vetvrij papier.

2. Verhit in een grote, zware koekenpan ongeveer 1/2-inch van de olie. Dompel de stukjes vis snel in het bloemmengsel en

schud het overtollige licht eraf. Leg zoveel stukken vis in de pan als er in passen zonder dat het te druk wordt.

3.Kook vis tot hij bruin is, 2 tot 3 minuten. Draai de vis om met een tang en kook tot ze goudbruin en zacht zijn, nog 2 tot 3 minuten. Serveer warm met partjes citroen.

Variatie: Voeg licht geplette hele teentjes knoflook en/of verse of gedroogde chilipepers toe aan de frituurolie om de vis op smaak te brengen.

Gezouten kabeljauw, pizzastijl

Baccala alla pizzaiola

Maakt 6 tot 8 porties 8

In Napels zijn tomaten, knoflook en oregano de typische smaken van een klassieke pizzasaus, daarom wordt dit gerecht, op smaak gebracht met die ingrediënten, pizzastijl genoemd. Voeg voor extra smaak een handvol olijven en enkele ansjovisfilets toe aan de saus.

2 pond geweekte gezouten kabeljauw, in porties gesneden

4 eetlepels olijfolie

2 grote teentjes knoflook, heel fijn gehakt

2 eetlepels gehakte verse bladpeterselie

Een snufje gemalen rode peper

3 kopjes gepelde, gezaaide en in blokjes gesneden verse tomaten, of 1 (28-ounce) blikje Italiaanse tomaten, gepeld, uitgelekt en in blokjes gesneden

2 eetlepels kappertjes, afgespoeld, uitgelekt en gehakt

1 theelepel gedroogde oregano, verkruimeld

Zout

1. Breng ongeveer 2 centimeter water aan de kook in een diepe koekenpan. Voeg de vis toe en kook tot de vis gaar is maar niet splijt, ongeveer 10 minuten. Haal de vis er met een schuimspaan uit en laat uitlekken.

2. Giet de olie in een grote koekenpan met de knoflook, peterselie en geplette rode peper. Kook tot de knoflook lichtbruin is, ongeveer 2 minuten. Voeg de tomaten en hun sap, de kappertjes, de oregano en een beetje zout toe. Breng aan de kook en kook tot de vloeistof iets dikker wordt, ongeveer 15 minuten.

3. Voeg de uitgelekte vis toe. Baad de vis met de saus. Kook 10 minuten of tot ze gaar zijn. Heet opdienen.

Gezouten Kabeljauw Met Aardappelen

Baccala palermitana

Maakt 4 porties

Een wandeling door de Vucciria-markt in Palermo, Sicilië, is een fascinerende ervaring voor iedereen, vooral voor een kok. Marktkraampjes langs de drukke, kronkelende straatjes en shoppers kunnen kiezen uit een verscheidenheid aan vlees, vis en verse producten (en alles van ondergoed tot batterijen). De visverkopers verkopen baccala en kabeljauw die al geweekt en kookklaar is. Als je hier in de VS geen tijd hebt om de vis te weken, vervang de kabeljauw dan door stukjes verse kabeljauw of een andere stevige witvis.

¼ kopje olijfolie

1 middelgrote ui, in plakjes

1 kopje gehakte tomaten in blik met hun sap

½ kop gehakte bleekselderij

2 middelgrote aardappelen, geschild en in plakjes

1½ pond kabeljauw, geweekt en uitgelekt

¼ kop gehakte groene olijven

1. Verhit olie in een grote koekenpan op middelhoog vuur. Voeg ui, tomaten, selderij en aardappelen toe. Breng aan de kook en kook tot de aardappelen gaar zijn, ongeveer 20 minuten.

2. Voeg de vis toe en baad de stukken met de saus. Bestrooi met de olijven. Kook tot de vis gaar is, ongeveer 10 minuten. Proef of het op smaak is en voeg indien nodig zout toe. Heet opdienen.

Garnalen en Bonen

Gamberi en Fagioli

Maakt 4 porties

Forte dei Marmi is een prachtige stad aan de Toscaanse kust. Het heeft een ouderwetse elegantie, met veel art-decopaleizen, waarvan sommige zijn omgebouwd tot hotels. Langs het strand kun je een ligstoel en een parasol huren voor een dag, een week of een maand. Mijn man en ik, met vrienden Rob en Linda Leahy, hadden een lange discussie over de vraag of we een dag op het strand zouden doorbrengen of zouden gaan eten in restaurant Lorenzo's. Linda besloot om van de zon te genieten terwijl de rest van ons naar het restaurant ging, dat gespecialiseerd is in eenvoudige bereidingen van zeevruchten, zoals deze garnalen. We waren blij dat we het deden.

16 tot 20 grote garnalen, gepeld en ontdarmd

4 eetlepels olijfolie

2 eetlepels fijngehakte verse knoflook

2 eetlepels gehakte verse basilicum

Zout en versgemalen zwarte peper

3 kopjes gekookte of ingeblikte cannellini of Great Northern bonen, uitgelekt

2 middelgrote tomaten, in blokjes

verse basilicumblaadjes, om te decoreren

1. Besprenkel de garnalen in een kom met 2 eetlepels olie, de helft van de knoflook, 1 eetlepel basilicum en zout en peper naar smaak. Goed roeren. Dek af en zet 1 uur in de koelkast.

2. Plaats een barbecue-grill of braadrek ongeveer 5 centimeter van de warmtebron. Verwarm de grill of barbecue voor.

3. Kook de rest van de olie, knoflook en basilicum in een pan ongeveer 1 minuut op middelhoog vuur. Voeg de bonen toe. Dek af en laat 5 minuten sudderen of tot het goed is opgewarmd. Ga uit het vuur. Voeg de tomaten toe en zout en peper naar smaak.

4. Grill garnalen aan één kant tot ze lichtbruin zijn, 1 tot 2 minuten. Draai de garnalen om en kook tot ze lichtbruin en

net ondoorzichtig zijn in het dikste deel, nog ongeveer 1 tot 2 minuten.

5.Schik de bonen op 4 borden. Schik de garnalen rond de bonen. Garneer met verse basilicumblaadjes. Serveer onmiddellijk.

Garnalen In Knoflooksaus

Gamberi al'Aglio

Maakt 4 tot 6 porties

Garnalen gekookt in knoflookbotersaus zijn populairder in Italiaans-Amerikaanse restaurants dan in Italië. Het wordt hier vaak "knoflookgarnalen" genoemd, een onzinnige naam die een aanwijzing is voor de niet-Italiaanse oorsprong. Scampi is niet, zoals de naam al aangeeft, een kookstijl, maar eerder een soort schelpdier dat sterk lijkt op een miniatuurkreeft. Wat het koken betreft, worden de garnalen meestal gegrild met niets meer dan een beetje olijfolie, peterselie en citroen.

Hoe je het ook noemt en wat de herkomst ook is, garnalen in knoflooksaus zijn heerlijk. Bied voldoende goed brood aan om de saus op te nemen.

6 eetlepels ongezouten boter

1/4 kopje olijfolie

4 grote teentjes knoflook, fijngehakt

16 tot 24 grote garnalen, gepeld en ontdarmd

Zout

3 eetlepels gehakte verse bladpeterselie

2 eetlepels vers citroensap

1. Smelt de boter met de olijfolie in een grote koekenpan op middelhoog vuur. Voeg de knoflook toe. Kook tot de knoflook lichtbruin is, ongeveer 2 minuten.

2. Verhoog het vuur tot middelhoog. Voeg de garnalen toe en zout naar smaak. Kook gedurende 1 tot 2 minuten, draai de garnalen een keer om en kook tot ze net roze zijn, nog ongeveer 1 tot 2 minuten. Voeg de peterselie en het citroensap toe en kook nog 1 minuut. Heet opdienen.

Garnalen Met Tomaten, Kappertjes En Citroen

Gamberi in Saus

Maakt 4 porties

Dit is een van die snelle en aanpasbare recepten waar de Italianen zo goed in zijn. Serveer het zoals het is voor een snel hoofdgerecht met garnalen, of meng het met pasta en een beetje extra vergine olijfolie voor een stevige maaltijd.

2 eetlepels olijfolie

1 pond middelgrote garnalen, gepeld en ontdarmd

1 teentje knoflook, licht geplet

Zout

1 pint druiven- of kerstomaatjes, gehalveerd of in vieren gesneden als ze groot zijn

2 eetlepels kappertjes, afgespoeld en uitgelekt

2 eetlepels gehakte verse bladpeterselie

1/4 theelepel citroenschil

1. Verhit olie in een 10-inch koekenpan op middelhoog vuur. Voeg garnalen, knoflook en een snufje zout toe. Kook tot de garnalen roze en licht goudbruin worden, ongeveer 1 tot 2 minuten per kant. Leg de garnalen op een bord.

2. Voeg de tomaten en kappertjes toe aan de pan. Kook, onder regelmatig roeren, tot de tomaten iets zachter worden, ongeveer 2 minuten. Doe de garnalen terug in de pan en voeg de peterselie en zout naar smaak toe. Roer goed en kook nog 2 minuten.

3. Citroenschil toevoegen. Gooi de knoflook weg en serveer direct.

Garnalen in Ansjovissaus

Gamberi in Acciughe-saus

Maakt 4 porties

Op een lente vroeg de Gruppo Ristoratori Italiani, een organisatie van Italiaanse restauranthouders in de Verenigde Staten, me om met hen en een groep andere voedselschrijvers mee te gaan op reis naar de regio Marche in Midden-Italië. We verbleven in een hotel aan de kust en planden excursies te maken om de omliggende steden te verkennen. Op een avond maakte stormachtig weer reizen bijna onmogelijk, dus aten we in een plaatselijk restaurant genaamd Tre Nodi. De eigenaar was een beetje excentriek en gaf ons een lezing over zijn theorieën over politiek, eten en koken, maar de zeevruchten waren geweldig, vooral de grote mediterrane rode garnaal gekookt met ansjovis. De garnalen waren bijna in tweeën gespleten en vervolgens volledig opengespleten zodat ze volledig bedekt konden worden met de saus. Toen we weggingen,

1 1/2 pond gamba's

4 eetlepels ongezouten boter

3 eetlepels olijfolie

2 eetlepels gehakte verse bladpeterselie

2 grote teentjes knoflook, heel fijn gehakt

6 ansjovisfilets, in stukjes gesneden

1/3 kop droge witte wijn

2 eetlepels vers citroensap

Zout en versgemalen zwarte peper

1. Pel de garnalen en laat de staartdelen intact. Snijd met een klein mes de garnalen langs de achterkant in en snij bijna helemaal naar de andere kant. Verwijder de donkere ader en sla de garnaal open als een boek. Spoel de garnalen af en dep ze droog.

2. Plaats een barbecue-grill of braadrek ongeveer 5 centimeter van de warmtebron. Verwarm de grill of barbecue voor. Smelt de boter met de olijfolie op middelhoog vuur in een grote koekenpan die geschikt is voor de grill. Voeg als het boterschuim is verdwenen de peterselie, knoflook en ansjovis

toe en bak al roerend 1 minuut. Voeg wijn en citroensap toe en kook nog 1 minuut.

3. Haal de pan van het vuur. Garnalen met gesneden zijkanten naar beneden toevoegen. Bestrooi met zout en peper. Giet wat van de saus over de garnalen.

4. Plaats de koekenpan onder de grill en kook ongeveer 3 minuten of tot de garnalen ondoorzichtig zijn. Serveer onmiddellijk.

gefrituurde garnaal

Gamberi Fritti

Maakt 4 tot 6 porties

Een eenvoudig beslag van bloem en water vormt een heerlijk krokant korstje voor gebakken garnalen. Houd er rekening mee dat dit soort deeg niet erg bruin wordt omdat het geen suikers of eiwitten bevat. Voor een diepere bruine korst, probeer bierbeslag <u>(gebakken courgette</u>, stap 2) of een gemaakt met eieren, zoals in de<u>Gehavende garnalen en calamares</u>recept. Een andere truc die veel restaurantchefs gebruiken, is om een eetlepel frituurolie die de dag ervoor is overgebleven van het frituren in de pan te doen. De redenen zijn ingewikkeld, maar als je veel frituurt, is het de moeite waard om wat van de gekoelde overgebleven olie gezeefd en gekoeld te bewaren voor de volgende keer dat je frituurt. Het is echter niet onbeperkt houdbaar en u moet altijd aan de olie ruiken voordat u het gebruikt om er zeker van te zijn dat het nog vers is.

Serveer deze garnalen als hoofdgerecht of voorgerecht. Als je wilt, kun je op dezelfde manier hele sperziebonen, reepjes courgette of paprika of andere groenten bakken. Hele peterselie, basilicum of salieblaadjes zijn ook goed.

1 kopje bloem voor alle doeleinden

1 1/2 theelepel zout

Ongeveer 3/4 kopje koud water

1½ pond middelgrote garnalen, gepeld en ontdarmd

Plantaardige olie om te frituren

1. Doe de bloem en het zout in een middelgrote kom. Voeg geleidelijk het water toe en roer met een draadgarde tot een gladde massa. Het mengsel moet erg dik zijn, zoals zure room.

2. Spoel de garnalen af en dep ze droog. Bekleed een dienblad met keukenpapier.

3. Giet voldoende olie in een diepe, zware pan om een diepte van 2 inch te bereiken, of volg de instructies van de fabrikant als u een elektrische friteuse gebruikt. Verhit olie tot 370°F. op een frituurthermometer of tot een druppel van het beslag in de olie sist en goudbruin wordt, 1 minuut.

4.Doe de garnalen in de kom met het beslag en schep om. Haal de garnalen er een voor een uit en laat ze met een tang voorzichtig in de olie vallen. Bak zoveel garnalen in één keer als er in passen zonder te verdringen. Kook garnalen tot ze lichtbruin en knapperig zijn, 1 tot 2 minuten. Laat uitlekken op keukenpapier. Bak de overige garnalen op dezelfde manier. Serveer warm met partjes citroen.

Gehavende garnalen en calamares

Frutti di Mare in Pastella

Maakt 6 porties

Overal waar je in Italië schelpdieren vindt, vind je koks die ze bakken tot een krokant beslag. Dit deeg is gemaakt met eieren en gist, wat de korst een lichte, luchtige textuur, gouden kleur en goede smaak geeft. Hoewel ik voor de meeste kookdoeleinden olijfolie gebruik, geef ik de voorkeur aan een smaakloze plantaardige olie om te frituren.

1 theelepel actieve droge gist of instantgist

1 kop warm water (100 tot 110°F)

2 grote eieren

1 kopje bloem voor alle doeleinden

1 theelepel zout

1 pond kleine garnalen, gepeld en ontdarmd

8 ons calamares (inktvis) schoongemaakt

Plantaardige olie om te frituren

1 citroen, in partjes gesneden

1. Sprenkel de gist in een middelgrote kom over het water. Laat 1 minuut staan of tot romig. Roer om op te lossen.

2. Voeg de eieren toe aan het gistmengsel en klop goed. Voeg bloem en zout toe. Klop met een garde tot een gladde massa.

3. Spoel garnalen en calamares goed af. Dat weet ik. Snijd calamares kruiselings in ringen van 1/2-inch. Als het groot is, snijdt u de basis van elke groep tentakels doormidden.

4. Giet voldoende olie in een diepe, zware pan om een diepte van 2 inch te bereiken, of volg de instructies van de fabrikant als u een elektrische friteuse gebruikt. Verhit olie tot 370°F. op een frituurthermometer of tot een druppel van het beslag in de olie sist en goudbruin wordt, 1 minuut.

5. Roer de garnalen en calamares door het beslag. Haal de stukjes er een paar tegelijk uit en laat het overtollige beslag terugdruppelen in de kom. Plaats de stukjes heel voorzichtig in de hete olie. Vul de pot niet. Bak, al roerend een keer met een schuimspaan, tot ze goudbruin zijn, 1 tot 2 minuten. Haal

de schaaldieren uit de pan en laat ze uitlekken op keukenpapier. Bak de rest op dezelfde manier. Serveer warm met partjes citroen.

Gegrilde Garnalen Spiesjes

Spiedini uit Gamberi

Maakt 4 porties

Hoewel de rijke keuken van Parma en Bologna beter bekend is, is de keuken van de kust van Emilia-Romagna erg goed en vaak erg eenvoudig. Uitstekende groenten en fruit van boerderijen in de omgeving en heerlijke verse zeevruchten zijn de pijlers. Mijn man en ik aten deze gegrilde garnalenspiesjes in de badplaats Milano Marittima. Schaaldieren kunnen worden vervangen door stukjes vis met stevig vruchtvlees.

1/2 kopje gewone paneermeel

1 eetlepel fijngehakte verse rozemarijn

1 teentje knoflook, gepeld en fijngehakt

Zout en versgemalen zwarte peper

2 eetlepels olijfolie

1 pond middelgrote garnalen, gepeld en ontdarmd

1 citroen, in partjes gesneden

1. Plaats een barbecue-grill of braadrek ongeveer 5 centimeter van de warmtebron. Verwarm de grill of barbecue voor.

2. Meng in een middelgrote kom de paneermeel, rozemarijn, knoflook, zout en peper naar smaak en olie en meng goed. Voeg garnalen toe en gooi om goed te coaten. Rijg de garnalen aan spiesjes.

3. Grill of rooster tot de garnalen roze en gaar zijn, ongeveer 3 minuten per kant. Serveer warm met partjes citroen.

Kreeft "Broeder Duivel"

Aragosta Fra Diavolo

Maakt 2 tot 4 porties

Hoewel dit recept veel van de kenmerken heeft van een klassiek Zuid-Italiaans visgerecht, waaronder tomaten, knoflook en hete peper, heb ik altijd vermoed dat het een Italiaans-Amerikaanse uitvinding was. Mijn vriend Arthur Schwartz, gastheer van WOR Radio's Food Talk met Arthur Schwartz, is een expert op het gebied van de Napolitaanse keuken, evenals de historische keuken van New York City, en hij is het met mij eens. Arthur denkt dat het een paar jaar geleden in een Italiaans restaurant in New York is ontwikkeld en sindsdien populair is. De naam verwijst naar de pittige tomatensaus waarin de kreeft wordt gekookt. Serveer dit met spaghetti of met knoflook ingewreven toast.

2 levende kreeften, ongeveer 1 1/4 pond per stuk

1/3 kopje olijfolie

2 grote teentjes knoflook, licht geplet

Een snufje gemalen rode peper

1 kopje droge witte wijn

1 blik (28 ons) gepelde tomaten, uitgelekt en in blokjes gesneden

6 verse basilicumblaadjes, in kleine stukjes gesneden

Zout

1. Leg een van de kreeften op een snijplank met de holte naar boven. Verwijder de banden die de klauwen gesloten houden niet. Bescherm je hand met een dikke handdoek of pannenlap en houd de kreeft boven de staart. Doop de punt van een zwaar koksmes in het lichaam waar de staart de borst ontmoet. Knip volledig door, scheid de staart van de rest van het lichaam. Gebruik een gevogelteschaar om de dunne schaal te verwijderen die het staartvlees bedekt. Schep uit en verwijder de donkere staartader, maar laat de groene tomalley en het rode koraal, indien aanwezig. Herhaal met de tweede kreeft. Snijd de staart kruiselings in 3 of 4 stukken. Leg de staartstukken opzij. Snijd de kreeftenlichamen en klauwen bij de gewrichten in stukjes van 1 tot 2 inch. Raak de klauwen met de botte kant van het mes om ze te breken.

2. Verhit de olie in een grote, zware pan op middelhoog vuur. Voeg alle kreeftstukken toe behalve de staarten en kook,

onder regelmatig roeren, gedurende 10 minuten. Strooi de knoflook en hete peper rond de stukken. Voeg de wijn toe en kook 1 minuut.

3. Voeg de tomaten, basilicum en zout toe. Breng aan de kook. Kook, af en toe roerend, tot de tomaten dikker worden, ongeveer 25 minuten. Voeg de kreeftenstaarten toe en kook nog eens 5 tot 10 minuten of tot het staartvlees stevig en ondoorzichtig is. Serveer onmiddellijk.

Gebakken Gevulde Kreeft

Amolicaat van Aragoste

Maakt 4 porties

In Italië, en in heel Europa, is de typische kreeftsoort de langoest of rotskreeft, die de grote vlezige klauwen van Noord-Amerikaanse kreeften mist. Ze smaken echter erg goed en worden hier vaak als bevroren kreeftenstaarten verkocht. Als je geen zin hebt in levende kreeften, kun je dit recept maken met bevroren staarten door de hoeveelheid broodkruimels een beetje te verminderen en ze te koken zonder te ontdooien, totdat ze in het midden ondoorzichtig zijn. Dit recept is typisch voor Sardinië, hoewel het in heel Zuid-Italië wordt gegeten.

4 levende kreeften (elk ongeveer 1 1/4 pond)

1 kopje gewone droge broodkruimels

2 eetlepels gehakte verse bladpeterselie

1 teentje knoflook, fijngehakt

Zout en versgemalen zwarte peper

Olijfolie

1 citroen, in partjes gesneden

1. Leg een van de kreeften op een snijplank met de holte naar boven. Verwijder de banden die de klauwen gesloten houden niet. Bescherm je hand met een dikke handdoek of pannenlap en houd de kreeft boven de staart. Doop de punt van een zwaar koksmes in het lichaam waar de staart de borst ontmoet. Knip volledig door, scheid de staart van de rest van het lichaam. Gebruik een gevolgelteschaar om de dunne witte laag die de onderkant van de staart bedekt te verwijderen, waardoor het vlees zichtbaar wordt. Schep uit en verwijder de donkere staartader, maar laat de groene tomalley en het rode koraal, indien aanwezig.

2. Plaats een rek in het midden van de oven. Verwarm de oven voor op 450°F. Olie 1 of 2 grote braadpannen in. Leg de kreeften met de voorkant naar boven in de bakvormen.

3. Meng in een middelgrote kom de paneermeel, peterselie, knoflook en peper en zout naar smaak. Voeg 3 eetlepels olie toe, of net genoeg om de kruimels te bevochtigen. Verdeel het

mengsel over de kreeften in de koekenpan. Besprenkel met nog wat olie.

4. Bak kreeften 12 tot 15 minuten, of tot het staartvlees er ondoorzichtig uitziet als het in het dikste deel wordt gesneden en stevig aanvoelt als het wordt ingedrukt.

5. Serveer direct met de partjes citroen.

Coquilles Met Knoflook En Peterselie

Aglio en Olio Capesante

Maakt 4 porties

Zoete, verse sint-jakobsschelpen koken snel, perfect voor een doordeweekse avondmaaltijd. Dit recept komt uit Grado aan de Adriatische kust. Ik gebruik graag grote sint-jakobsschelpen, maar kleinere sint-jakobsschelpen kunnen ook worden vervangen.

1/4 kopje olijfolie

2 teentjes knoflook, fijngehakt

2 eetlepels gehakte verse bladpeterselie

1 pond grote sint-jakobsschelpen, afgespoeld en gedroogd

Zout en versgemalen zwarte peper

1 citroen, in partjes gesneden

1. Giet de olie in een grote koekenpan. Voeg de knoflook, peterselie en hete peper toe en kook op middelhoog vuur tot ze lichtbruin zijn, ongeveer 2 minuten.

2. Voeg de coquilles toe en breng op smaak. Kook al roerend tot de sint-jakobsschelpen in het midden net ondoorzichtig zijn, ongeveer 3 minuten. Serveer warm met partjes citroen.

Gegrilde Coquilles En Garnalen

Frutti di Mare alla Griglia

Maakt 4 porties

Een eenvoudige citroensaus kleedt gegrilde garnalen en sint-jakobsschelpen. Ze kunnen worden vervangen door stukjes vis met stevig vlees, zoals zalm of zwaardvis.

3/4 pond grote sint-jakobsschelpen, gespoeld en gedroogd

3/4 pond grote garnaal, gepeld en ontdarmd

verse of gedroogde laurierblaadjes

1 middelgrote rode ui, in stukjes van 1 inch gesneden

1/4 kopje olijfolie

2 eetlepels vers citroensap

1 eetlepel gehakte verse bladpeterselie

1/2 theelepel gedroogde oregano, verkruimeld

Zout en versgemalen zwarte peper

1. Plaats een barbecue-grill of braadrek ongeveer 5 centimeter van de warmtebron. Verwarm de grill of barbecue voor.

2. Rijg de sint-jakobsschelpen en garnalen afwisselend met de laurierblaadjes en stukjes ui aan 8 houten of metalen spiesen.

3. Klop in een kleine kom de olie, citroensap, peterselie, oregano en peper en zout naar smaak door elkaar. Doe ongeveer tweederde van het sausmengsel in een aparte kom. Reserveren. Verf de schaaldieren met het resterende derde deel van de saus.

4. Rooster of rooster tot de garnalen roze zijn en de sint-jakobsschelpen aan één kant lichtbruin zijn, ongeveer 3 tot 4 minuten. Draai de spiesen om en kook tot de garnalen roze zijn en de sint-jakobsschelpen lichtbruin aan de andere kant, nog ongeveer 3 tot 4 minuten. Het garnalen- en sint-jakobsschelpvlees zal in het midden net ondoorzichtig zijn. Leg op een bord en besprenkel met de resterende saus.

www.ingramcontent.com/pod-product-compliance
Lightning Source LLC
Chambersburg PA
CBHW070403120526
44590CB00014B/1230